KORFU

Inhalt

5

Das Magazin
- Korfus Schwarzes Gold: Die Oliven
- Korfus Invasoren
- Muse der Literaten
- Heilige und ihre Feste
- Korfiotische Inselküche
- Architektur durch alle Zeiten
- Markante Signaturen: Künstler auf Korfu
- Korfus Wildtiere
- The Sound of Music
- Highlights auf einen Blick

33

Erster Überblick
- Ankunft
- Unterwegs auf Korfu
- Übernachten
- Essen und Trinken
- Einkaufen
- Ausgehen

43

Kerkyra (Korfu-Stadt)
- **Erste Orientierung**
- **In zwei Tagen**

Nicht verpassen!
- Mouseio Vyzantino
- Palati tou Agiou Michail & tou Georgiou
- Campiello: Die Altstadt von Korfu
- Agios Spyridion
- Palaio Frourio
- Mouseio Archaiologiko
- Mon Repos ■ Kanoni

Nach Lust und Laune! ■ Elf weitere Orte zum Entdecken
Wohin zum... ■ Übernachten? ■ Essen und Trinken?
■ Einkaufen? ■ Ausgehen?

77

Der Norden
- **Erste Orientierung**
- **In drei Tagen**

Nicht verpassen!
- Pantokrator (Pandokratoras)
- Kalami
- Kassiopi
- Sidari

Nach Lust und Laune! ■ 16 weitere Orte zum Entdecken
Wohin zum... ■ Übernachten? ■ Essen und Trinken? ■
Einkaufen? ■ Ausgehen?

Der Nordwesten und das Landesinnere
■ **Erste Orientierung**
■ **In drei Tagen**
Nicht verpassen!
■ Diapondia-Inseln (Diapontia Nisia)
■ Angelokastro
■ Palaiokastritsa (Paleokastritsa)
Nach Lust und Laune! ■ 14 weitere Orte zum Entdecken
Wohin zum... ■ Übernachten? ■ Essen und Trinken?
■ Einkaufen? ■ Ausgehen?

Der Süden
■ **Erste Orientierung**
■ **In drei Tagen**
Nicht verpassen!
■ Achilleio
■ Benitses
■ Limni Korission
Nach Lust und Laune! ■ 16 weitere Orte zum Entdecken
Wohin zum... ■ Übernachten? ■ Essen und Trinken?
■ Einkaufen? ■ Ausgehen?

Ausflüge
■ Albanien
■ Parga
■ Paxos (Paxoi) und Antipaxos (Antipaxoi)

Spaziergänge & Touren
■ Die Altstadt von Korfu-Stadt
■ In der Heimat von Lawrence Durrell
■ Pantokrator
■ Über die Insel nach Palaikastritsa

Praktisches 171
■ Reisevorbereitung ■ Reisezeit ■ Das Wichtigste vor Ort
■ Sprachführer

Reiseatlas 179
Register 187

Autoren: Mike Gerrard und Donna Dailey
Redaktion: Rebecca Snelling
Design: Nucleus Design
Lektorat: Des Hannigan
Übersetzung »Das Magazin«: Joachim Nagel und Dagmar Lutz

© MAIRDUMONT GmbH & Co. KG, Ostfildern,
2. aktualisierte Auflage 2009

„NATIONAL GEOGRAPHIC" ist eine eingetragene Marke der
National Geographic Society. Deutsche Ausgabe lizenziert durch
NATIONAL GEOGRAPHIC DEUTSCHLAND
(G+J/RBA GmbH & Co. KG), Hamburg 2009
www.nationalgeographic.de

Unsere Autoren haben nach bestem Wissen recherchiert.
Trotzdem schleichen sich manchmal Fehler ein,
für die der Verlag keine Haftung übernehmen kann.
Hinweise, Verbesserungsvorschläge und Korrekturen
sind jederzeit willkommen. Einsendungen an:
E-Mail: spirallo@nationalgeographic.de oder
NATIONAL GEOGRAPHIC SPIRALLO-Reiseführer
MAIRDUMONT GmbH & Co. KG,
Postfach 3151, D-73751 Ostfildern

Das Werk einschließlich aller seiner Teile ist urheberrechtlich
geschützt. Jede urheberrechtsrelevante Verwertung ist ohne
Zustimmung des Verlages unzulässig und strafbar.
Dies gilt insbesondere für Vervielfältigungen, Übersetzungen,
Nachahmungen, Mikroverfilmungen und die Einspeicherung
und Verarbeitung in elektronischen Systemen.

Original 2nd English Edition
© Automobile Association Developments Limited
Kartografie: © Automobile Association Developments Limited 2009
Maps produced under licence from map data
© Freytag-Berndt u. Austria KG, 1231 Wien, Österreich
Covergestaltung und Art der Bindung
mit freundlicher Genehmigung von AA Publishing

Herausgegeben von AA Publishing, einem Unternehmen der
Automobile Association Developments Limited, Fanum House,
Basing View, Basingstoke, Hampshire RG21 4EA, UK.
Handelsregister Nr. 1878835.

A03695

Das Magazin

Zu einem tollen Urlaub gehört mehr als genüssliches Faulenzen am Strand oder Shoppen bis zum Umfallen – damit die Reise sich wirklich lohnt, muss man das Besondere seines Zieles kennen und schätzen. Im Magazin erfahren Sie kurz und unterhaltsam alles über Land, Leute, Kultur und was den unverwechselbaren Charme dieser Insel ausmacht.

Korfus Schwarzes Gold
Oliven

Die üppig grüne Insellandschaft ist weithin geprägt von Olivenhainen – davon lebt man hier seit alters her.

Durch die sonnigen Olivenhaine zu wandern oder zu fahren, die, von Steinmäuerchen umhegt, mit rauschenden Laubkronen die Hügel säumen, ist für jeden Besucher ein magisches Erlebnis. Korfus Olivenbäume sind größer als die im restlichen Griechenland und manche dieser ehrwürdigen, knorrigen Giganten fast ein halbes Jahrtausend alt.

Jahrhundertelang weigerten sich die Insulaner, sie zu beschneiden oder die Ernte von den Ästen zu schütteln: Der Legende nach erschien nämlich einst der heilige Spyridon, der Schutzpatron Korfus, in einem Olivenhain (➤ 14f) und verbot ihnen diese »Grausamkeit«. Inzwischen hat allerdings die griechische Regierung längst regelmäßigen Beschnitt verfügt, um hohe Erträge zu garantieren.

VENEZIANISCHES VERMÄCHTNIS

Für großflächigen, systematischen Olivenanbau sorgten seinerzeit die Venezianer, die auf der Höhe ihrer Macht im 16. Jahrhundert Herren der Insel waren. Damit versuchten sie die Versorgung ihrer Stadt mit dem kostbaren Öl zu sichern. Wie Lawrence Durrell (➤ 12f) 1945 in *Schwarze Oliven – Korfu – Insel der Phäaken* schrieb, zahlten sie den Einheimischen 10 Goldstücke für die Pflanzung von je 100 Olivenbäumen – 2 Millionen sollen es gewesen sein, als die Besatzer die Insel wieder verließen.

Heute, bei einem Bestand von 3 bis 4 Millionen, sind Oliven nach wie vor eines der wichtigsten Agrarerzeugnisse. Junge Bäume tragen oft erst ab dem zwölften Jahr, dann aber jede Saison Früchte. In guten Jahren kann von Januar bis Mai geerntet werden.

Das Öl der Korfu-Oliven ist dunkel, mit leichtem Grünschimmer und von exzellenter Qualität. Trotz der vielen Olivenbäume ist es auf der Insel übrigens gar nicht so leicht aufzutreiben! Laut Rainer Kalkmann, Inhaber des Ladens »Oliven und Mehr« in Afionas (▶ 123), wird der Löwenanteil von den Einheimischen selbst verbraucht und der Rest nach Italien exportiert.

ALTE FRUCHT

Schon in der Antike stellten im Mittelmeerraum Oliven eines der wichtigsten Grundnahrungsmittel dar. Erste Zeugnisse des Anbaus reichen zurück in die frühe Bronzezeit (3000 v. Chr.). Der altgriechische Dichter Homer (8. Jahrhundert v. Chr.) berichtet in der Odyssee, dass hier König Alkinoos die Kultivierung des Baumes betrieben habe.

Olivenöl spielte auch abseits der täglichen Tafel eine große Rolle, etwa bei Körperhygiene und Schönheitspflege. Auf Vasenbildern des 6. und 5. Jahrhunderts v. Chr. finden sich Darstellungen

Schwarze Oliven reifen am Baum

8 Das Magazin

von Jünglingen, die sich mit Öl salben und anschließend mit der *strigilis*, einem Schabmesser mit gekrümmter Klinge, traktieren. Außerdem fand es Verwendung als medizinisches Therapeutikum (etwa zur Linderung von Reizzuständen der Haut), wurde mit Blüten- und Kräuteressenzen zu Duftölen verarbeitet und diente als Brennmaterial in Lampen. Gelagert und transportiert wurde Olivenöl in pithoi genannten großen, sich am Hals verengenden Tongefäßen.

FAMILIENANGELEGENHEIT

Fast jede Familie auf Korfu nennt wenigstens ein paar Olivenbäume ihr Eigen. Im 17. Jahrhundert bestimmte sich nach deren Zahl sogar ihr Wohlstand. Großgrundbesitzer entlohnten die Bauern, die auf ihrem Grund die Ernte vornahmen, mit der Hälfte des gewonnenen Öls. In ländlichen Gegenden ist die Anzahl der Bäume auf einem Grundstück

mitentscheidend für seinen Wert, obwohl die Bäume selbst oft einem anderen Eigentümer (mit Wegerecht) gehören.

GUTER GESCHMACK?
Wie schmecken sie nun, die Oliven und ihr Öl? Lawrence Durrell beschreibt in seinem Buch ihr säuerlich-markantes Aroma als einen »Geschmack, der älter als Fleisch, älter als Wein ist. Ein Geschmack so alt wie kaltes Wasser.« Und die englische Erfolgsautorin Emma Tennant gibt in *Corfu Banquet*, den kulinarischen Memoiren ihres Inseldaseins, den Tipp: »Ein ordentliches Stück Brot, eine kinderkopfgroße griechische Tomate, dazu ein Schälchen dieses magischen Elixiers – und schon hat man eine wunderbare Mahlzeit.«

Überall auf der Insel gibt es Olivenhaine mit knorrigen, oft uralten Bäumen

Korfus Invasoren

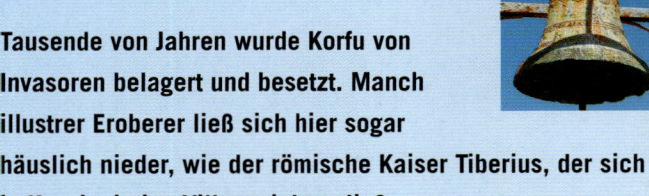

Tausende von Jahren wurde Korfu von Invasoren belagert und besetzt. Manch illustrer Eroberer ließ sich hier sogar häuslich nieder, wie der römische Kaiser Tiberius, der sich in Kassiopi eine Villa errichten ließ.

VORGESCHICHTE UND ANTIKE

Sidari, auf den ersten Blick nur eine moderne Ferienanlage, war schon 7000 v. Chr. von neolithischen Jägern und Sammlern besiedelt, und bereits 30 000 Jahre zuvor hinterließen Siedler der Altsteinzeit ihre Spuren rund um die Festung Gardiki.

Die früheste Invasion Korfus, des antiken Kerkyra, erfolgte 734 v. Chr. durch die Korinther, die allerdings von den Einheimischen 664 v. Chr. besiegt wurden, in der ersten historisch belegten Seeschlacht in griechischen Gewässern. Ihnen folgten 375 v. Chr. die Spartaner und schließlich 229 v. Chr. die Römer – als Unterstützung gegen illyrische Invasoren. Nach erfolgreicher Aktion blieben die Römer dann beinahe 600 Jahre auf der Insel.

MITTELALTER UND VENEZIANISCHE PERIODE

Spätere Invasionen durch Goten und Vandalen sorgten nicht gerade für ein Aufblühen des Fremdenverkehrs, ebenso wenig wie im 11. Jahrhundert die Ankunft der Normannen, die Korfu als Basis ihrer Expansionsbemühungen Richtung Balkan nutzten. 1147 wurden sie wieder hinauskomplimentiert, von einer Koalition aus korfiotischen, byzantinischen und venezianischen Truppen.

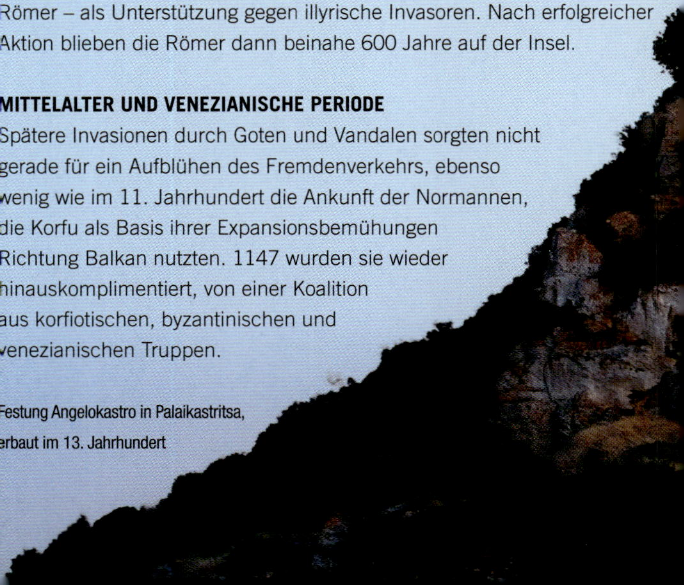

Festung Angelokastro in Palaikastritsa, erbaut im 13. Jahrhundert

Das Magazin 11

Als Nächster streckte 1214 der Despot von Epiros (heute südliches Albanien / nordwestliches Griechenland) seine Hand nach der Insel aus, gefolgt 1267 vom Haus Anjou und 1386 den Venezianern. Die folgenden vier Jahrhunderte venezianischer Herrschaft bedeuteten eine Phase relativer Stabilität, trotz mehrerer Überfälle und zweier längerer Besatzungen durch die Türken 1537 und 1716. Heute noch ist man auf Korfu stolz, als einziger Teil Griechenlands nie dem Osmanischen Reich angehört zu haben.

ENDLICH FREI
Nachdem 1797 die Franzosen sich der Insel bemächtigt hatten, kamen 1814 für ein halbes Jahrhundert die Briten. 1864 gewann Korfu endlich seine Unabhängigkeit und wurde Teil des neuen griechischen Nationalstaats. 1923 erfolgte wieder eine kurze Invasion durch die Italiener, und während des Krieges setzte sich 1941–43 deutsches Militär hier fest.

Seitdem wird Korfu einzig von Touristen aus kühleren Teilen Europas bedrängt, die jeden Sommer hordenweise einfallen – und so mancher mag nicht wieder fort.

Das Magazin

MUSE DER **Literaten**

Korfu inspirierte eine ganze Reihe auswärtiger Schriftsteller, die eine Weile dort lebten, darunter die Brüder Durrell. Die Insel war aber auch Heimat mehrerer griechischer Helden der Feder.

DIE DURRELLS UND ANDERE FREMDE

Zwei der bekanntesten Autoren, die die Ionische Insel nachhaltig anregte, sind die Brüder Gerald und Lawrence Durrell. Gerald (1925–95) zeichnet ein heiter-satirisches Porträt des älteren Lawrence in der Schilderung seiner Kindheit auf Korfu (*Meine Familie und anderes Getier*, 1956). Diese frühen Eindrücke wiesen ihm seinen späteren Weg als Naturforscher und Schriftsteller. Lawrence (1912–90) machte Karriere als Romancier, Dichter, Kritiker und Verfasser von Reiseliteratur. Er lebte eine Zeit lang im »Weißen Haus« von Kalami (► 85), wo sein bereits erwähntes Buch *Schwarze Oliven – Korfu – Insel der Phäaken* entstand.

Befreundet mit Lawrence Durrell war der Amerikaner Henry Miller (1891–1980), der ihn auch auf Korfu besuchte und darüber 1940 in seinen faszinierenden Erinnerungen *Der Koloss von Maroussi* berichtete.

In jüngerer Zeit hat die Engländerin Emma Tennant der Insel ein Denkmal gesetzt in ihren autobiografischen Büchern *A House in Corfu* (2001) und *Corfu Banquet* (2003).

Das Magazin 13

Gerald Durrell mit seiner Gattin Jacquie

GRIECHISCHE HELDEN DER FEDER

Obwohl aus Zakynthos stammend, avancierte Dionysios Solomos (1798–1857) auf Korfu zur Leitfigur der blühenden literarischen Szene im 19. Jahrhundert. Er verbrachte die letzten drei Dekaden seines Lebens auf der Insel, deren Hauptstadt ihm ein kleines Museum gewidmet hat (► 66). Sein bekanntestes Werk ist »Hymne an die Freiheit« (1823), deren Verse (in der Vertonung von Nikolaos Mantzaros ► 28) zur griechischen Nationalhymne wurden. Noch mehr Kritikerlob heimste seine epische Schilderung eines nationalen Mythos ein: der Verteidigung der Festung Messolongi im Befreiungskampf gegen die Türken 1826, *Die Freien Belagerten*. Die literarische Schule, die er auf Korfu begründete, propagierte die Literaturfähigkeit der griechischen Alltagssprache *dimotiki* (bislang eine Domäne der sog. *katharevousa*, des anspruchsvollen Idioms der geistigen Elite).

> Korfu inspirierte Gerald Durrell, Naturforscher und Schriftsteller zu werden.

Ein anderes bedeutendes Mitglied jener Richtung war der Dichter Lorenzo Mavilis (1860–1912), der einige der wohl schönsten Sonette in neugriechischer Sprache verfasste. Als Begründer des bürgerlich-naturalistischen Romans in Griechenland gilt der Korfiote Konstantinos Theotokis (1872–1923), mit Werken wie *Die Sklaven in ihren Ketten* (1922).

Das »Weiße Haus« in Kalami, wo Lawrence Durrell lebte

HEILIGE
und
ihre Feste

Wie in ganz Griechenland werden Heilige auch auf Korfu hoch verehrt – allen voran Spyridon und Theodora. Und die Feste des Kirchenjahres sind integraler, farbiger Bestandteil des Alltagslebens.

DER HEILIGE SPYRIDON

Ihrem geliebten Schutzpatron Spyridon erweisen die Korfioten rund ums Jahr Reverenz, feiern ihn jedoch besonders an Palmsonntag, Karsamstag, dem 11. August und dem ersten Sonntag im November. Man betet auf Knien zu ihm, und schätzungsweise die Hälfte der männlichen Bevölkerung wird ihm zu Ehren auf den Namen Spiros getauft.

Spyridon, um 260 n. Chr. geboren, war Hirte in den Bergen Zyperns. Als seine Gattin nach kurzer Ehe starb, gab er die gemeinsame Tochter in die Obhut der Kirche und ging selbst ins Kloster. Als Mönch erwarb er sich

durch unbeirrten Glauben hohe Wertschätzung, stieg zum Bischof auf und nahm 325 am Konzil von Nizäa teil, das über die göttliche Trinität (Vater-Sohn-Heiliger Geist) debattierte.

Auf seiner Heimatinsel wirkte der Heilige bis zu seinem Tod im Jahre 350 diverse kleinere Wunder. Als im späten 7. Jahrhundert die Sarazenen Zypern überfielen, wollte man Spyridons sterbliche Überreste nach Konstantinopel überführen. Indem süße Düfte seiner Grabstätte entstiegen (nach anderer Version entsprossen ihr rote Rosen), exhumierte man seinen Leichnam und fand ihn völlig unversehrt, was den Nimbus seiner heiligen Kräfte sicher noch beflügelte. 1453, kurz vor der Eroberung der Stadt durch die Türken, schmuggelte ein Priester sie dann gemeinsam mit jenen der heiligen Theodora nach Korfu.

| Spyridon, Korfus Schutzheiliger, wird rund ums Jahr verehrt.

DIE HEILIGE THEODORA

Theodora Augusta, Korfus zweitbeliebteste Schutzheilige (um 810–867) war Gattin des byzantinischen Kaisers Theophilos. 843 führte sie, nun selbst Regentin, die umstrittene Praxis des Bilderkults wieder ein, wofür sie posthum heilig gesprochen wurde. Am ersten Fastensonntag wird eine feierliche Prozession mit ihrem Sarkophag veranstaltet.

GRÖSSERE FESTE AUF KORFU

Noch zwei weitere wichtige Daten dieser Art verzeichnet der korfiotische Kirchenkalender. Der 21. Mai ist ein dreifacher Feiertag: Erstens ist Nationalfeiertag (Enosis) – an diesem Datum vereinigten sich die Ionischen Inseln 1864 mit Griechenland, was mit Paraden und Tanz begangen wird. Außerdem ist er Tag der Heiligen Eleni (Helena) und Konstantin(os). Mariä Himmelfahrt wiederum, am 21. August, bildet den Höhepunkt der hiesigen Touristensaison. Am Wochenende darauf findet ein dreitägiges Fest in den Dörfern Kato Garouna und Ano Yerakiana statt.

OSTERN

Atmosphärisch gilt dies vielen als beste Reisezeit nach Griechenland, und Korfu feiert den Karfreitag nach altem Brauch mit dem düsteren Pomp der Begräbnis-Prozession (Epitafios). Um Mitternacht des Ostersamstags begrüßt man umso ausgelassener mit einem Feuerwerk die Auferstehung (Anastasi), und am Sonntag schmoren überall die unentbehrlichen Osterlämmer. Das orthodoxe Osterfest fällt oft spät ins Jahr, manchmal sogar in den Mai: Dann kann es schon fast sommerlich warm sein.

Das Magazin

PANEYIRIA

Jeder Festtag eines Heiligen wird begangen mit einem fröhlichen *paneyiri* in seiner örtlichen Patronatskirche. Bei diesen Festivitäten, besonders jenen im Sommer, wird ausgiebig getafelt und gezecht und zu Volksmusik getanzt bis in die Morgenstunden. Achten Sie also darauf, wann und wo während Ihres Aufenthaltes solche Feste stattfinden – etwa zu Ehren der Apostel Peter und Paul (29. Juni), der Heiligen Paraskevi (26. Juli), Mariä Geburt (8. September) und Kreuzerhöhung (14. September).

Links: Anzünden von Votivkerzen
Oben: Ikone im Byzantinischen Museum der Hauptstadt

18 Das Magazin

Korfiotische Inselküche

Die Küche Korfus entspricht weitgehend griechischen Standards, doch gibt es natürlich eine Reihe lokaler Eigenheiten. Zwei Spezialitäten der Insel findet man in Griechenland sonst nicht: Kumquats und Ingwerbier.

KUMQUAT-LIKÖR UND INGWERBIER

Der Grundstoff für den Likör kam aus Asien, die Limonade führten die Briten ein, und beide bezeugen die kulinarische Besonderheit der Insel im Vergleich zum Rest der Nation und der Welt – wo sonst bekommt man schon ein Hühnchen in Kumquat-Sauce, eine Spezialität des Restaurant Rex in Korfu Stadt (► 74).

Kumquats, im Mittelmeerraum sonst nur auf Sizilien angebaut, wurden 1846 aus Asien nach Korfu importiert und sind dort allgegenwärtig. Sie sehen aus wie kleine Orangenbäume und tragen ungefähr von Februar bis Mai Früchte. Die meisten der etwa 6000 Bäume gedeihen rund um das südlich von Roda (► 96) gelegene Nymfes, wo sie ideale Wachstumsbedingungen vorfinden.

Kumquat-Likör gibt es in unterschiedlichen Stärken und Geschmacksrichtungen: von wässrig-süß und alkoholarm bis zu kräftigeren Varianten,

Das Magazin

die an Grand Marnier erinnern. Da kann man auch mal eine Enttäuschung erleben ... Empfehlenswert ist eine Verkostung in der Destillerie Vassilakis (► 147) oder deren Laden am Achilleion-Palast – oder man fährt gleich zur Agrargenossenschaft in Nymfes (► 101). Schmeckt's einem da auch nicht, greift man ersatzweise zu einem Glas Kumquat-Marmalade!

Eine Besonderheit auf Korfu ist ferner das – hier auch *tsitsibira* genannte – Ingwerbier aus einheimischer Produktion, das allerdings immer mehr von den Speisekarten der Insel verschwindet. Eine einzige Fabrik nahe Kelafationes stellt es noch her, nach altem Rezept aus Zitronensaft und -öl, geraspelter Ingwerknolle, Wasser und Zucker – ein Erbe der Besatzung durch die Engländer, die sich damit gerne als Zuschauer beim Cricket erfrischten.

SPEZIALITÄTEN

Überall angeboten wird *sofrito*: Kalbfleisch in Weißweinsauce, gewürzt mit Knoblauch, Zwiebeln und Paprika. Jeder Küchenchef zelebriert ein eigenes Rezept, bis zur Rindfleisch-Version mit roter Sauce. Und wie beim Kumquat-Likör gilt: einfach mal hier, mal da probieren.

Ein weiteres leckeres Fleischgericht auf Korfu ist *pastitsada*. Es geht zurück auf die Venezianer und ist mittlerweile in ganz Griechenland geläufig. Dafür werden abwechselnd Nudelplatten und Fleisch aufeinander geschichtet – nach korfiotischem Original-Rezept nimmt man dazu Hahn (der etwas kräftiger schmeckt als Huhn), heute aber meist Kalbfleisch. *Pastitsada* gibt es aber auch mit Hummer!

Als Fisch-Spezialität ist außerdem *bourdeto* erwähnenswert, Kabeljau, geschmort in Olivenöl, mit Zwiebeln und würzigen roten Chilis. Unter der Bezeichnung *bianco* rangiert eine Art einheimische Version der Bouillabaisse: ein deftiger Fisch-Eintopf mit Kartoffeln, Zitronensaft, Knoblauch – und allem, was dem Koch gerade in die Hände (oder ein-)fällt.

ARCHITEKTUR
durch alle Zeiten

Nicht gerade ein Mekka für Archäologen und Architekturfreaks, wartet Korfu doch mit einem bunten Reigen interessanter Gebäude aus seiner wechselvollen Geschichte auf, und seine Hauptstadt zählt zu den attraktivsten Orten Griechenlands.

ANTIKE GRIECHISCHE UND RÖMISCHE BAUTEN

Altgriechisches hat sich erhalten im Artemis-Tempel (um 590 v. Chr.) von Palaiopolis (➤ 62f) und den Fragmenten zweier dorischer Tempel aus dem 5. Jahrhundert v. Chr. im Park des Schlosses Mon Repos (➤ 62f). Die interessantesten römischen Ruinen sind die Thermen von Palaiopolis und Benitses (➤ 132f); doch erwarten Sie hier nicht gerade das Kolosseum …

BYZANTINISCHE UND MITTELALTERLICHE FESTUNGEN

Weit sehenswerter sind die byzantinischen und mittelalterlichen Bauwerke. Aus verschiedenen Epochen stammt der Palaio Frourio (➤ 58f) in Korfu Stadt, seine ältesten Teile gehen auf das 11. Jahrhundert zurück. Eher typisch für die Byzantinerzeit ist das atemberaubend gelegene Fort von Angelokastro (➤ 111), ein wenig besuchtes Kleinod der Gardiki-Turm (➤ 139f) aus dem 13. Jahrhundert. Ungefähr zur selben Zeit errichteten die Grafen von Anjou die gleichfalls beeindruckende Burg von Kassiopi (➤ 86f).

ORTHODOXES ERBE

Unter den byzantinischen Bauten finden sich zahlreiche Kirchen, wie in Palaiopolis die ursprünglich im 5. Jahrhundert begonnene frühchristliche Basilika (➤ 63) und die ehrwürdige Jason-und-Sosipater-Kirche aus dem 11. Jahrhundert (➤ 69f). Aus derselben Zeit datiert die winzige Pantokrator-Kirche über Pontikonissi (➤ 65).

Der in den folgenden Jahrhunderten auf Korfu eifrig betriebene Kirchenbau gipfelte in zwei Meisterwerken: Agios Spyridon (erbaut 1589, ➤ 56) und der Mitropolis-Kathedrale (1577, ➤ 66f) in Korfu Stadt. Eigentlich findet man überall auf der Insel interessante Sakralbauten – die übrigens unter den Kirchen der Ionischen Inseln seit dem 16. Jahrhundert eine Besonderheit aufweisen: frei stehende, reich ornamentierte Glockentürme.

SPUREN DER EUROPÄER

Selbstverständlich hinterließen alle europäischen Großmächte, die im Laufe der Zeit die Insel annektierten, dort architektonische Spuren. So wurden beide Festungen (➤ 58f, 67) über die Jahrhunderte ausgebaut von Venezianern, Franzosen und Briten, was schließlich jenes bemerkenswerte Stilgemisch ergab, das sich heute dort bestaunen lässt. Das pittoreske Gewirr von Straßen und Gässchen um das Campiello-Viertel (➤ 54f), das älteste Wohngebiet der Stadt, hat sich nahezu unverändert aus venezianischer Zeit erhalten. Das bedeutendste französische Erbe besteht in den um 1807 erbauten, großzügigen Arkaden am Liston (➤ 67), die die eine Hälfte der Esplanade säumen. Die Engländer hinterließen den wuchtigen Gouverneurspalast (➤ 50) und diverse kleinere, durchaus ansehnliche Bauwerke, wie die 1821 entstandene Maitland-Rotunde (➤ 68).

Das Magazin

MARKANTE SIGNATUREN

KÜNSTLER AUF KORFU

Korfu blickt auf eine lange Kunsttradition zurück, von den Ikonen orthodoxer Kirchenmaler bis hin zur Moderne, der Anteil auswärtiger Künstler ist dabei nicht unbeträchtlich.

»IKONOGRAFEN«

Auf der Insel lebten und arbeiteten zahlreiche griechische Ikonenmaler. Manche von ihnen kamen aus der berühmten kretischen Schule und waren später auch in Venedig tätig, wie Michael Damaskinos, der acht Jahre auf Korfu verbrachte (1574–82). Zahlreiche der auf Holz gemalten Werke dieses bedeutenden Ikonenmalers finden sich in einheimischen Kirchen und Museen.

Die regionalen Kunstentwicklungen führten zur Herausbildung einer eigenständigen Ionischen Malschule, als deren Begründer allgemein Panayiotis Doxaras (1662–1729) gilt. Er stammte zwar von der Peloponnes, wirkte jedoch auf mehreren Ionischen Inseln, darunter Korfu. Zu seinen hiesigen Werken gehört die Deckenausmalung der Kirche Agios Spyridon in der Hauptstadt (▶ 56f), wo er auch begraben liegt.

WEITERE MALER

Korfus geschichtsträchtige, mythenumwobene Schönheit hat seit je Künstler inspiriert. Zu den prominenten Lokalmatadoren zählen der Porträtmaler Spyridon Prosalentis (1830–95) und Charalambos Pachis (1844–91), einer der wichtigsten Landschafter der Ionischen Schule. Eine schöne Sammlung modernerer einheimischer Künstler beherbergt

Das Magazin

die Städtische Kunstgalerie von Korfu Stadt (im Gouverneurspalast, ▶ 50ff).

Auch Maler aus dem Ausland hielten Korfus Reize in Gemälden fest, wie der Engländer Edward Lear (1812–88), dessen Landschaften (▶ unten) im Gegensatz zu den skurrilen Versen, die er schmiedete, Sanftheit und Ruhe ausstrahlen (einige davon gleichfalls in der Städtischen Kunstgalerie).

BILDHAUER

Die Insel brachte auch bedeutende Bildhauer hervor, allen voran Pavlos Prosalentis (1784–1837), den Vater des Porträtmalers. Die Werke dieses ersten Klassizisten des modernen Griechenland sind im Museum von Palaiopolis auf Schloss Mon Repos (▶ 62f) ausgestellt. Einer der besten Schüler des einflussreichen Lehrers war der begabte Maler, Architekt und Bildhauer Ioannis Kalosgouros (1794–1878). Seine Marmorbüste der Marquesa Elena Mocenigo ziert das Rathaus der Hauptstadt und seine Bronzereliefs den Sockel des Obelisken zu Ehren von Sir Howard Douglas in Garitsa.

Korfu 1862, Gemälde von Edward Lear

Das Magazin

Korfus Wildtiere

Korfu ist Heimat einer artenreichen Fauna, von einheimischen und Zugvögeln über Eidechsen und Insekten bis hin zu den Bewohnern der Gewässer rings um die Insel.

Wer nach Korfu reist, sollte zuvor Gerald Durrells wunderbare Kindheitserinnerungen *Meine Familie und andere Tiere* (➤ 12f) gelesen haben, in denen er sich intensiv dem Tierleben auf der Insel widmet. Manche Idyllen, die er darin beschrieb, sind zwar längst Bevölkerungsexplosion und Tourismusboom zum Opfer gefallen,

Das Magazin 25

doch frei lebende Tiere gibt es noch im Überfluss. Sogar die Lagune von Halikiopoulos in der Nähe des Flughafens ist Wohnstatt von Ottern und seltenen Silberreihern (► Kanoni, 64f).

VOGELWELT
Von allen Wildtieren lassen sich Vögel am besten beobachten, vor allem im Herbst und Winter, wenn sich Zugvögel unter die heimischen Arten mischen. Frühmorgens und spätabends bevölkern Turm-, Rauch- und Mauerschwalben in großen Scharen den Himmel über Korfu Stadt, auf der Suche nach Insekten.

Manche der farbenprächtigsten Vögel zählen zugleich zu den seltensten, aber Sie können sicher Trugwaldsänger, Samt-Grasmücken und Mönchs-Grasmücken durch die Olivenhaine flattern sehen. Unter ihren exotischeren Verwandten findet man Eisvogel, Wiedehopf, Bienenfresser und, etwas Glück vorausgesetzt, die scheue Goldamsel.

Andere Vögel hört man eher, als dass man sie zu Gesicht bekäme, wie die Eule. Überall auf der Insel ist in der Dämmerung und bis in die Nacht der Ruf der winzigen Zwergohreule zu

Links: Die Korission-Lagune
Oben: Europäischer Bienenfresser (*Merops apiaster*)

Das Magazin

vernehmen. Die Insulaner nennen sie »Jannis-Eule«, weil sie sich anhöre wie der sehnsuchtsvolle Ruf einer Frau nach ihrem Geliebten: »Janni, Janni«. Nachts ist oft auch der Ziegenmelker zu hören, ein Verwandter des Kuckucks, dessen pulsierendes Stimmchen klingt wie der Anschlag einer Glocke.

INSEKTEN UND EIDECHSEN

Wo man auf Ziegenmelker trifft, sieht man in abendlichen Olivenhainen oft auch Glühwürmchen. Andere Insekten, wie Pferdebremsen, Moskitos, Ameisen und Wespen, sind weniger willkommen. Und hüten Sie sich vor Skorpionen, die unter Steinen lauern! Gefallen werden Ihnen dagegen die Schmetterlinge, wie der Schwalbenschwanz, der braune Trauermantel und der orangefarbene Südliche Zitronenfalter.

Auf Korfu begegnen Ihnen täglich die unterschiedlichsten Eidechsen. Giftschlangen gibt es keine, mit Ausnahme der gefährlichsten Art Europas: der Sandviper. Diese ist jedoch in der Regel nur nachts unterwegs – seien Sie vorsichtig, wenn Sie in Felsen herumklettern oder durchs Gebüsch streifen.

UNTER WASSER

Ebenso vielfältig wie die Tierwelt auf der Insel ist die des Meeres ringsum – nur weniger leicht zu beobachten. Am besten nimmt man an einem der Bootsausflüge teil, die die meisten Hotels anbieten. An einem guten Tag begleitet

Oben: Ein einsamer Reiher
Links: Schwalbenschwanz auf einer Fleckenblume

Das Magazin

vielleicht, mit eleganten Sprüngen aus dem Wasser, eine Schule Delphine das Boot. Am ehesten sieht man sie im Kanal zwischen Korfu und Paxos und in der Bucht von Gouvia (➤ 90).

In den Gewässern um Korfu lebt auch eine mediterrane Spielart der Mönchsrobben. Allerdings bekommt man sie selten zu Gesicht, weil sie sehr scheu sind und die Gegenwart des Menschen meiden. Lärmbelästigung und Umweltverschmutzung haben sie aus ihren Revieren vertrieben, und nun zählt die Restpopulation von 300 bis 500 Exemplaren zu den gefährdeten Arten. Einst waren sie im ganzen Mittelmeer heimisch und wurden schon um 500 v. Chr. auf Münzen abgebildet.

AM STRAND

Überall auf den Ionischen Inseln leben Unechte Karettschildkröten, mit Nistplätzen an der Bucht von Laganas auf Zakynthos und der wunderschönen, vorgelagerten Insel Mathraki (➤ 108f). Leider bedroht die touristische Vereinnahmung der Strände ihre Existenz, weil ihre im Sand vergrabenen Eier leicht von den Spitzen der Sonnenschirme durchbohrt werden. Nach dem Schlüpfen versuchen die jungen Schildkröten instinktiv, schnellstens ins Wasser zu gelangen, wobei sie aber oft Licht und Lärm der Strandhotels irritieren und den Weg verfehlen lassen. In den letzten Jahren wurden ihre Brutplätze unter Naturschutz gestellt und der Zugang zu mehreren Strandabschnitten untersagt.

Karett-Schildkrötenbabys auf dem Weg ins Meer

Das Magazin

THE SOUND OF
MUSIC

Musikalisch bietet Korfu reiche Auswahl, ob klassische oder eher folkloristische Töne, wie die *kantades*, typische Balladen der Ionischen Inseln. Auf der Suche nach einem klang- und stimmungsvollen Konzertabend werden Sie sicher fündig.

KANTADES

Natürlich erwarten Sie auch auf Korfu die Klänge der Bouzouki, des bekanntesten griechischen Instruments (Alexis Zorbas!). Da die Ionischen Inseln im Laufe der Geschichte länger vom Mutterland isoliert waren, ist ihr Saitenspiel hier allerdings weniger verbreitet. Die Ionier haben ihre eigene Tradition der kantades, die auf Vorbilder Italiens zurückgehen und dessen starken kulturellen Einfluss hier belegen – beschwingte Lieder, deren leicht opernhafter Gesang von Mandoline und akustischer Gitarre begleitet wird. Wie andere Ionische Inseln hat auch Korfu einen typischen Stil entwickelt, allerdings erlebt diese Musik heute hier nicht mehr so häufig Aufführungen wie bei den südlichen Nachbarn, etwa auf Lefkada und Zakynthos.

KLASSISCHE KLÄNGE

Während griechisches Festland und Ägäis musikalisch viele türkische Einflüsse übernahmen, brachten die Venezianer 1733 die Oper nach Korfu. Gemeinsam mit anderen Formen klassischer Musik hat sich deren Tradition dort bis in die Moderne erhalten. Der erste namhafte einheimische Komponist war Nikolaos Mantzaros (1795–1872), der zu den Versen von Dionysios Solomos (▶ 66) die griechische Nationalhymne schuf. Zu seinen Lebzeiten wurde, als erste Institution

Das Magazin

ihrer Art in Griechenland, 1840 die Philharmonische Gesellschaft von Korfu gegründet. Als profiliertester Tonsetzer der Insel ging Spyros Samaras (1861–1917) in die Annalen ein, der die *Olympische Hymne* komponierte, aus Anlass der ersten Spiele der Neuzeit in Athen im Jahre 1896.

LIVE-MUSIK

In Tavernen auf der ganzen Insel genießt man als Gast beim Essen gratis Live-Musik. Sie reicht von touristischem Bouzouki-Geklimper über halbwegs authentische Folklore bis hin zu den oben erwähnten *kantades*. In manchen der *skyladika* genannten Clubs kann man alte Haudegen des *laïka* erleben, die eine seriösere Art von Bouzouki-Musik pflegen (leider oft ein recht teures Vergnügen). Eigentlich kommt auf Korfu musikalisch jeder auf seine Kosten, sei es bei der Punk Band in einer kleinen Bar oder im festlichen Rahmen Philharmonischer Konzerte und Opernaufführungen. Schauen Sie einfach mal nach unter www.corfumusicevents.net!

Links und unten: Musikanten in der Taverne

Highlights
auf einen Blick

Auf Korfu gibt es zwar jede Menge zu sehen und zu unternehmen, doch für Eilige nachfolgend ein paar Hinweise für den optimalen Schnelldurchgang.

DIE BESTEN GESCHÄFTE
Manche Geschäfte auf Korfu sind als solche einen Besuch wert:
- Symposium-Lebensmittel in Nisaki (➤ 101)
- Vitro Glaskunst in Agios Stefanos (➤ 123)
- Oliven und Mehr in Afionas (➤ 123).

DIE SCHÖNSTEN SONNENUNTERGÄNGE
Die finden Sie naturgemäß im Westen der Insel, mit Blick aufs Meer. Besonders schön sind:
- Sunset-Taverne in Paramonas (➤ 146)
- Panorama Restaurant in Peroulades (➤ 114)
- Kaiserthron in Pelekas (➤ 118).

Das Magazin 31

DIE BESTEN AUSSICHTSPUNKTE
- Gipfel des Pantokrator-Massivs (► 82ff)
- Vom Bergdorf Agii Deka Richtung Korfu Stadt (► 137)
- Inselklöster Vlacherna und Pontikonissi (Mäuseinsel) von Kanoni (► 64f)
- Auf Korfu Stadt von der Alten (► 58f) oder Neuen Festung (► 67).

DIE BESTEN MUSEEN
Korfu ist zwar kein Mekka für Museums-Freaks, hat aber ein paar kleine Highlights zu bieten:
- Volkskundemuseum in Sinarades – klein und angestaubt, doch authentisch und charmant (► 136)
- Museum Asiatischer Kunst in Korfu Stadt – keinesfalls versäumen (► 51f)
- Byzantinisches Museum in Korfu Stadt – umfassende Sammlung zum Thema in einem schönen Gebäude (► 48f).

DIE BESTEN REISEZEITEN
- An Ostern bietet Korfu die opulentesten Festivitäten von ganz Griechenland (► 16)
- In April oder Mai blühen die Wildblumen am schönsten
- An einem der Feiertage zu Ehren des heiligen Spyridon (► 14f)
- Im späten September ist der Hauptrummel vorbei und das Meer noch warm.

Blick von Agii Deka auf Korfu-Stadt

Das Magazin

DIE SCHÖNSTEN ERLEBNISSE
- bei einem Kaffee unter den Liston-Arkaden in Korfu Stadt relaxen
- ein langes, spätes Mittagessen am Sonntag in einer Fisch-Taverne am Meer
- ein Augenblick der Stille in einer der schönen Kirchen.

TIPPS ZUM MITTAGESSEN
- Taverne Boukari Beach – bestes Fischlokal der Gegend (➤ 145)
- Eucalyptus in Agios Stefanos – schöner Platz und gute Küche (➤ 99)
- Golden Fox in Lakones – herrlicher Panoramablick (➤ 122).

DIE SCHÖNSTEN STRÄNDE
Schöne Strände gibt es viele, besonders:
- Agios Georgios (➤ 115) und Agios Stefanos (➤ 114) im Nordwesten. Auch ihre Namensvettern sind nicht übel – falls man beim falschen Ort landet!
- Dünen an der Korission-Lagune (➤ 134f)
- Mirtiotissa-Strand (➤ 118), den Durrell für den schönsten der Welt hielt.

DIE KOMFORTABELSTEN HOTELS
Korfu besitzt mehrere 5-Sterne-Hotels, die aber oft groß und unpersönlich sind. Eine intimere Atmosphäre bieten:
- Bella Venezia in Korfu Stadt (➤ 71)
- Louis Villa Regency Hotel in Benitses (➤ 143)
- Fundana Villas in Palaikastritsa (➤ 120).

TRADITIONELL ESSEN
Viele Touristen-Restaurants auf Korfu servieren griechische Gerichte, doch liegen Welten zwischen banaler Touristenkost und authentischer einheimischer Küche. Testen Sie:
- Mouragia in Korfu Stadt (➤ 74)
- Taverna Nikolas in Agni (➤ 99)
- Angonari nahe Agrafi (➤ 99).

NOBEL SPEISEN
Das kulinarische Niveau Griechenlands hat in den vergangenen Jahren einen immensen Aufschwung erlebt, auch bei den Weinen. Zu den besten Schlemmer-Adressen Korfus gehören:
- Etrusco in Kato Korakiana – der beste Italiener der Insel (➤ 100)
- Du Lac in Dafnilas – wohin ganz Korfu Stadt strömt (➤ 100)
- Venetian Well in Korfu Stadt – mit innovativen Gerichten (➤ 74).

Erster Überblick

Erster Überblick

Ankunft

In der Regel kommt man in Korfu-Stadt (Kerkyra) an, wo sich der einzige Flughafen und der wichtigste Fährhafen befinden. Einige Schiffe vom griechischen Festland steuern das Hafenstädtchen Lefkimmi im Süden Korfus an, was sich aber nur empfiehlt, wenn man diesen Teil der Insel kennen lernen möchte.

Korfu-Stadt liegt etwa in der Mitte der Ostküste; die Stadt ist auch die Drehscheibe für die Linienbusse. Ob man nun mit dem Flugzeug oder Schiff ankommt, es ist überhaupt kein Problem, in die anderen Inselorte zu kommen, denn die Insel ist insgesamt nur 60 km lang und zwischen 4 und 30 km breit. Das Straßennetz der Insel ist gut ausgebaut und läuft von Korfu-Stadt aus nach Norden und Süden an der Küste entlang sowie in westlicher Richtung über die Insel.

Flughafen Korfu
- Der Flughafen liegt rund 2 km **südlich von Korfu-Stadt** (Tel. 26610-89600).
- Nützliche **Kontaktadressen** sind Olympic Airways (Tel. 26610-38694; www.olympic-airways.com) und Aegean Airlines (Tel. 26610-27100; www.aegeanair.com).
- Im **Flughafen** gibt es eine Wechselstube, Geldautomaten, mehrere Autovermietungen, Souvenirläden und Kioske mit Erfrischungen.
- Es dauert in der Regel sehr lange, bis das **Gepäck** ankommt.
- Vom Flughafen in die Innenstadt fährt **kein Linienbus**.
- **Taxis** Richtung Korfu-Stadt warten vor dem Terminal. Auf dieser Strecke werden nie Taxameter benutzt und sowohl Touristen als auch Griechen müssen maßlos überhöhte 10 Euro zahlen.
- **Zu Fuß** sind es 15 bis 20 Minuten ins Stadtzentrum: Die Straße links vom Hotel Bretagne führt ins Zentrum.
- Beim **Abflug** sollte man sich für den Fall einer Verspätung etwas zu essen und zu trinken einstecken. An den Gates ist wenig Platz, deshalb ist es sinnvoll, möglichst spät durch die Passkontrolle zu gehen.
- Bei **gravierenden Verspätungen** beim Abflug ist es angenehmer, in den Hotels oder Lokalen an der Straße nach Garitsa (rechts vom Hotel *Bretagne*) zu warten, sie liegen nur ein paar Minuten vom Flughafen entfernt.

Hafen Korfu
- Korfu-Stadt hat **zwei Häfen** – den Neuen Hafen (Neo Limani) und den Alten Hafen (Paleo Limani). Beide liegen im Norden der Stadt nur ein paar hundert Meter voneinander entfernt.
- Der **Alte Hafen** – er wird von Ausflugsschiffen, Privatsegelbooten und den kleinen Fähren nach Vidos benutzt – liegt ein Stück näher am Stadtzentrum.
- Westlich vom Alten Hafen liegt der **Neue Hafen**: Hier legen die Fähren aus Italien und von den großen griechischen Häfen Igoumenitsa und Patras an. Die Fähre und das Tragflächenboot nach Paxos legen ebenfalls hier ab. Außerdem startet hier die Fähre zu den Diapondia-Inseln und die Fahrt mit dem Tragflächenboot nach Albanien.
- Die **Hafenbehörde** erreicht man unter Tel. 26610-32655 (aus Griechenland) oder unter Tel. 26100-30481 (aus dem Ausland).

Ankunft/Unterwegs auf Korfu

Hafen Lefkimmi
- Der **Hafen von Lefkimmi** liegt rund 1 km östlich vom Stadtzentrum.
- Es gibt eine kleine **Snackbar**.
- Die **Hafenbehörde** erreicht man unter Tel. 26620-23977.

Touristeninformationen
- Während der Erstellung dieses Reiseführers sollte die neue **Greek National Tourism Organisation** (E.O.T.) in der Nähe des Dimarchio (Rathauses) in Evagelistrias eröffnen. Wahrscheinlich wird sie nur während der Saison geöffnet sein (April bis Oktober, 9–21 Uhr, Tel. 26610-37638).
- Außerdem gibt es in der Mitte der Platia Saroko ein **kleines Infozentrum**, die Öffnungszeiten sind ein wenig unregelmäßig.
- In Korfu-Stadt oder anderen Orten der Insel geben **Reiseagenturen** gerne allgemeine Auskünfte, wenn sie auch dabei hoffen, ihre eigenen Angebote verkaufen zu können.

Eintrittsgebühren
Die Eintrittspreise für Museen und andere Sehenswürdigkeiten sind in folgende Kategorien unterteilt:
Preiswert unter 2 Euro   **Mittel** 2–4 Euro   **Teuer** über 4 Euro

---

Unterwegs auf Korfu

Das Reisen auf Korfu ist einfach, denn die Insel ist klein und das öffentliche Busnetz preiswert und gut. Die Alternative ist der Mietwagen. In allen größeren Ferienorten werden außerdem organisierte Ausflüge angeboten. Die Insel lässt sich also mühelos von einem festen Quartier aus erkunden, ein Hotelwechsel ist nicht nötig.

Linienbusse
- Die Busse fahren in jede Ecke von Korfu, sie sind **preiswert, relativ pünktlich und sauber**.
- Korfu-Stadt ist die **Drehscheibe des Busnetzes**; fast alle Linien haben hier einen ihrer Endpunkte. Das bedeutet aber gleichzeitig, dass man oftmals über Korfu-Stadt fahren und dort umsteigen muss, wenn man von einer Ecke der Insel in eine andere will.
- Korfu-Stadt hat **zwei Busbahnhöfe**; Einheimische und Reisebüros wissen, von welchem Bahnhof welche Buslinie abfährt.
- **Blaue Busse** fahren vom Busbahnhof (Tel. 26610-39859) am San-Rocco-Platz (Platia Saroko) zu den Dörfern und Städten in der Nähe von Korfu-Stadt. Eine Ausnahme macht der Bus nach Kanoni, der an der Esplanade abfährt. Der Achilleion-Palast, Benitses, Dasia, Gouvia, Kondokali und Pelekas werden vom Blauen Bus angefahren.
- **Grüne Busse** fahren auf der ganzen Insel und setzen – mit der Fähre – zum griechischen Festland über. Sie fahren am Busterminal in der Avramiou in der Nähe der Neuen Festung ab und werden vom nationalen griechischen Busservice KTEL (Tel. 26610-39985/30627; www.ktel.org) betrieben.
- Es gibt zwar offizielle Bushaltestellen, aber die meisten **Fahrer halten auf Handzeichen an**, um Leute am Straßenrand einsteigen oder Passagiere aussteigen zu lassen.
- **Fahrkarten** werden in der Regel im Bus verkauft, innerorts werden sie im Voraus am Kiosk am San-Rocco-Platz gekauft.

Erster Überblick

Taxis
- In Korfu-Stadt gibt es **Taxistände** am Flughafen, am Alten Hafen, am Neuen Hafen, am San-Rocco-Platz und an der Esplanade.
- Die **meisten größeren Orte** haben einen Taxistand; auch in den Dörfern ist meist ein Taxi vorhanden – ab und zu muss man etwas herumfragen und sich ggf. die Telefonnummer geben lassen.
- In Korfu-Stadt lässt sich unter Tel. 26610-33811 ein **Funktaxi** rufen. Für die Vorreservierung wird eine Gebühr erhoben.
- Vor der Fahrt sollte man sicherstellen, dass das **Taxameter** eingeschaltet ist – oder man handelt einen Pauschalpreis aus. Lehnt der Fahrer ab, oder verlangt er ein erhöhtes Fahrgeld, hilft in der Regel eine Drohung mit der Polizei, den Fahrpreis zu senken.
- Es gibt **zwei Fahrpreiskategorien**. »Langsam« gilt für Fahrten innerhalb der Stadt Korfu. »Schnell« bezeichnet Fahrten über die Stadtgrenze hinaus, der Tarif ist von 24 bis 6 Uhr morgens gültig. Gepäck wird extra berechnet.

Schiffe und Fähren
- Um die Insel fahren keine Fähren. Von Korfu-Stadt fährt ein Schiff zur Insel **Vidos**, und von der Nordwestküste ein Schiff zu den **Diapondia-Inseln** (► 108ff).
- Zur Nachbarinsel **Paxos** (► 154f) verkehrt eine Fähre, eine weitere im Sommer zur Insel **Kefallonia**, die ebenfalls zum Archipel der Ionischen Inseln zählt.

Mit dem Auto unterwegs
- Die **Hauptstraßen** auf Korfu sind gut, die Landstraßen allerdings oft sehr schmal und kurvenreich.
- Wer etwas unsicher ist, sollte es sich gut überlegen, bevor er eine steile Küstenstraße nimmt. Das Fahrverhalten der Einheimischen sorgt für zusätzlichen **Nervenkitzel**, denn die Fahrer sind sehr ungeduldig und überholen auch an gefährlichen Stellen. Außerdem neigen sie dazu, auf kurvenreichen Straßen einfach in der Mitte der Straße zu fahren und uneinsehbare Kurven zu schneiden.
- In **kleinen Dörfern** werden die Straßen oft urplötzlich so schmal, dass gerade ein Auto Platz hat, oder die Straße verschwindet hinter einer Haarnadelkurve gleich ganz. Man sollte zu jeder Zeit mit entgegenkommenden Bussen, Traktoren und anderen Fahrzeugen rechnen, oft ist ein schnelles Anhalten oder rückwärts Ausweichen notwendig.
- Manche Hauptstraßen haben eine **rechte Spur**, auf die man ausweichen kann, wenn ein Auto überholen will.
- In ganz Griechenland bedeutet das **kurze Einschalten des Lichts**, dass man selbst weiterfahren will und eben *nicht* anhält. Manchmal wird man so auch vor einer Geschwindigkeitskontrolle gewarnt.
- Wer eine der noch **wenigen befahrenen Seitenstraßen** fahren will, sollte sich bei Einheimischen vorher nach ihrem Zustand erkundigen. Manche sind nur mit Allradwagen befahrbar. Nach Unwettern muss mit Steinschlag oder unpassierbare Straßen gerechnet werden, auch hier empfiehlt es sich, mehrere Einheimischen zu fragen, denn die Meinungen weichen oft voneinander ab.
- **Sowohl bleifreies Benzin als auch Diesel** sind überall erhältlich, viele Tankstellen haben allerdings sonntags und abends geschlossen. Kleinere Tankstellen nehmen nur Bargeld.

Verkehrsregeln
- Es wird **rechts** gefahren.
- Das Anlegen eines **Sicherheitsgurts** ist Pflicht, auch wenn viele Einheimische sich nicht daran halten.

Unterwegs auf Korfu

- Der Fahrer muss seinen **Führerschein dabei haben**, sonst droht bei einer Kontrolle ein Bußgeld. Falls Sie nur einen Führerschein aus einem Nicht-EU-Land haben, ist ein internationaler Führerschein notwendig.
- **Kinder unter zehn Jahren** dürfen nicht vorne sitzen.
- **Alkoholkontrollen** (Blasen) sind häufig, die Strafen drakonisch. Wer mit 0,5 Promille fährt, wird sofort zur Kasse gebeten; bei über 0,9 liegt eine Straftat vor, sogar eine Gefängnisstrafe ist möglich. Man kann also nur jedem Touristen empfehlen, sich nicht mit Alkohol ans Steuer zu setzen.
- Die **Geschwindigkeitsbegrenzung** beträgt generell 100 km/h auf Schnellstraßen, 90 km/h auf Durchgangsstraßen und 50 km/h in Ortschaften. Da es häufig Abweichungen von dieser Regel gibt, sollte man immer auf die Verkehrsschilder achten!
- **Vorfahrt** hat, wer von **rechts** kommt, auch im Kreisverkehr und beim Abbiegen in eine Hauptstraße. Viele Fahrer, die aus einer Seitenstraße kommen, halten an, um den schneller fließenden Verkehr auf der Hauptstraße durchzulassen, aber verlassen sollte man sich darauf lieber nicht.

Mietwagen

- Am Flughafen von Korfu und in der Innenstadt haben **mehrerer Mietwagenfirmen** (einheimische und internationale) ihren Schalter. In vielen Ferienorten können Mietwagen direkt bei der Firma oder über ein Reisebüro geliehen werden.
- Der **Preis** liegt auf Korfu (und in Griechenland generell) etwas höher als im übrigen Europa. Kleinere einheimische Firmen sind meist preiswerter, allerdings sind die Autos oft weniger gut in Schuss.
- Wer im **Spätsommer oder Herbst** einen Mietwagen nimmt, sollte ein bisschen mehr ausgeben und sich für eine international bekannte Firma entscheiden: Deren Autos sind auch gegen Saisonende noch immer gut gewartet.
- **Vor Fahrtantritt** sollten generell Reifen, Karosserie und das Wageninnere überprüft und auffallende Schäden sofort zu Protokoll gegeben werden.
- Wer einen Wagen mietet, muss – je nach Firma – **älter als 21 oder 25 Jahre alt** sein.
- Im Preis inbegriffen ist in der Regel eine **Personenversicherung**, eine zusätzliche Unfallversicherung ist jedoch empfehlenswert. Ein Schaden an den Reifen oder am Unterboden ist damit allerdings nicht abgedeckt, deshalb Vorsicht bei schlechten Straßen.
- In der Regel beinhaltet der Preis eine **unbegrenzte Kilometerzahl**, das sollte aber überprüft werden.
- Die Leihfirmen wollen in der Regel eine **Kaution** – in Form einer Kreditkarte oder Bargeld.

Mit dem eigenen Auto unterwegs

- Eigene Fahrzeuge dürfen für maximal sechs Monate nach Korfu mitgenommen werden, vorausgesetzt, dass das Auto in diesem Zeitraum im Heimatland **versichert und angemeldet ist**.
- **EU-Bürger** brauchen keine grüne Karte, alle anderen sollten sich zu Hause bei den Verkehrsclubs erkundigen.
- Die **Verkehrsregeln** ändern sich immer mal wieder, Automobilclubs informieren auf ihren Internetseiten über die neuesten Vorschriften.

Autopanne

- Die Mietwagenfirmen geben dem Fahrer eine **Notrufnummer** für den Fall einer Panne mit.
- Mitglieder der deutschen, österreichischen oder Schweizer Automobilclubs haben in Griechenland Anspruch auf Pannenhilfe bei der **ELPA** (Tel. 104 bei Pannen), Inhaber von Schutzbriefen erhalten sie in der Regel kostenlos.

Übernachten

Die Bandbreite an Unterkünften ist groß und reicht von preiswerten, aber netten Hotels bis hin zu Luxusherbergen internationalen Standards. Die Einrichtungen sind in der Regel gut, die Preise halten sich im Rahmen. In der Hochsaison – Juli und August – liegen die Preise generell höher.

Hotelreservierung
- In Griechenland ist es üblich, sich das Zimmer **zeigen zu lassen**.
- Der **Pass bleibt an der Rezeption**, damit das Hotel den Gast registrieren kann – er dient auch als Sicherheitsmaßnahme bei Nichtbegleichung der Rechnung. Manche Hotels geben den Pass nach 24 Stunden zurück, andere behalten ihn während des gesamten Aufenthalts.
- In der Hochsaison empfiehlt es sich, die Unterkunft zu **reservieren**, da viele Reiseunternehmen größere Kontingente reserviert haben.
- Die meisten unabhängigen Hotels sind **Familienbetriebe**. Meist sind sie sehr sauber, und wenn die Möbel und Einrichtungen oft auch einfach sind, so bieten sie doch alles, was für einen angenehmen Aufenthalt notwendig ist.

Privatzimmer
- Neben Hotels und Villen hängen auch an Privathäusern immer mal wieder Schilder mit dem Hinweis **»Zimmer frei« (griechisch: *domatia*)**. Dabei handelt es sich in der Regel um kleine, zweckmäßige Gebäude, häufig Anbauten an Privathäuser, die einfach eingerichtet und preisgünstig sind. Die Qualität ist sehr unterschiedlich, deshalb sollte man sich auf jeden Fall das Zimmer zunächst zeigen lassen.
- Wer ein Privatzimmer mietet, wird oft gleich **in die Familie** aufgenommen.

Kategorien
- Alle Hotels werden jährlich von der Touristenpolizei **inspiziert** und Preis und Kategorie festgelegt. Laut Gesetz muss in jedem Zimmer der Preis aushängen, meist an der Tür. Die Preise sind saisonabhängig, das Frühstück ist nur teilweise im Preis inbegriffen.
- Das **Hotelfrühstück** fällt sehr unterschiedlich aus – das Spektrum reicht von üppig bis zu fast gar nichts. Generell besteht keine Verpflichtung, im Hotel zu frühstücken – es gibt immer ein Café in der Nähe.
- Außerhalb der Hochsaison sind die **Zimmerpreise verhandelbar**. Je länger man bleibt, desto günstiger werden sie.
- Folgende **Kategorien** werden angeboten: L für Luxus, dann A–E je nach Einrichtungen (TV oder Telefon). Ausnahmen gibt es immer, und so kann ein C-Hotel durchaus besser sein als ein schlechtes der Kategorie A.

Tipps
- Wer Probleme hat, ein **Quartier** zu finden, geht ins Reisebüro oder auch zur Touristenpolizei.
- **Wasser** ist ein kostbares Gut auf Korfu – besonders im Sommer. Auch zahlende Gäste sollten damit sparsam umgehen!
- Auf Korfu wird **Toilettenpapier** nicht in der Schüssel hinuntergespült, da die Rohre sonst schnell verstopfen würden. Eine Ausnahme sind die Luxushotels.

Preise
Für ein Doppelzimmer pro Nacht in der Hochsaison (inklusive Steuern) gelten folgende Preise:
€ unter 80 Euro   €€ 80–130 Euro   €€€ über 130 Euro

Übernachten / Essen und Trinken

Essen und Trinken

In den letzten Jahren hat sich auf Korfu eine kulinarische Renaissance vollzogen. Es gibt zwar Unmengen Lokale, die mittelmäßiges Essen für weniger anspruchsvolle Gäste auf den Tisch bringen, aber auch immer mehr außergewöhnlich gute Restaurants. Die herzhafte korfiotische Küche (► 20f) ist fast überall zu bekommen.

Lokale
- **Restaurants** sind meist schicker als Tavernen. Hier gibt es anständige Weingläser und Tischtücher und nicht bloß Becher und Plastiktischdecken.
- **Tavernen** sind meist Familienbetriebe; die Kinder bringen das Essen, und es geht sehr locker zu. Die Gerichte können dennoch sehr lecker sein und können sich oftmals mit denen in teuren Restaurants messen.
- *Psarotavernes* sind auf Fisch spezialisiert; in *psistaries* kommen Grillspezialitäten auf den Tisch; eine *ouzeri* entspricht eher einer Bar, in der kleine Snacks – wie in spanischen Tapas-Bars – serviert werden.
- Mit Ausnahme der Nobellokale ist **legere Kleidung** überall angemessen.
- Es ist üblich, in der **Küche** einen Blick in den Topf zu werfen, anstatt sich lange Erklärungen geben zu lassen.
- Laut Gesetz muss alles, was nicht **frisch** ist, auf der Speisekarte als tiefgefroren gekennzeichnet werden – das ist vor allem bei Fisch wichtig. Dennoch bedeutet »frisch« nicht fangfrisch, der Fisch muss auch nicht zwangsläufig aus heimischen Gewässern stammen.
- Nur in den wirklich teuren Restaurants empfiehlt es sich, einen **Tisch zu reservieren**. Im Allgemeinen geht man einfach hin und bekommt dann einen Platz zugewiesen. Ist gerade kein Tisch frei, wird man dazugesetzt oder muss warten.

Essenszeiten
- **Frühstück** gibt es in den Hotels meist schon sehr früh; viele Cafés öffnen in den Ferienorten bereits ab 7.30 oder 8 Uhr.
- Das **Mittag- und Abendessen** nimmt man auf Korfu – wie überall in Griechenland – sehr spät ein, das heißt selten vor 14 bzw. 21 Uhr. Für Touristen werden die Essenszeiten manchmal auf 12 und 19 Uhr vorverlegt.

Speisekarte und Rechnung
- In vielen Lokalen liegen **Speisekarten** in Griechisch und Englisch, manchmal auch in Deutsch, aus.
- Die **Bedienung** ist in der Regel inbegriffen, dennoch ist es üblich, Trinkgeld zu geben – ein paar Münzen oder das Wechselgeld reichen.

Getränke
- Auf Korfu gibt es einige **gute Weinmarken** – ein Beispiel ist der Theotoki, gute Tropfen stammen auch aus den Kellereien Vassilakis und Koulouris. Fast überall ist einheimischer Wein vom Fass erhältlich.
- Ein beliebter Aperitif ist der Anissschnaps **Ouzo**.
- Aus **Kumquats** (eine Art Miniorange) wird ein Likör (► 20) hergestellt.

Preise
Die Preise gelten pro Person für ein typisches Drei-Gänge-Menü ohne Getränke und Trinkgeld:
€ unter 15 Euro   €€ 15–25 Euro   €€€ über 25 Euro

Erster Überblick

Einkaufen

Auf Korfu sind die Einkaufsmöglichkeiten gut; die größte Auswahl und die beste Qualität hat Korfu-Stadt. Wer nicht in der Hauptstadt wohnt, sollte einen Ausflug dorthin einplanen.

Keramik
Hervorragende Keramik ist überall auf der Insel erhältlich. Vieles ist jedoch Massenproduktion, es gibt aber auch gute Arbeiten einheimischer Künstler. Es lohnt sich, sich in Ruhe umzuschauen, da nicht überall die gleichen Waren angeboten werden.

Essen und Trinken
- **Olivenöl extra vergine** ist überall erhältlich, bisweilen auch in hübschen Flaschen, die sich als Mitbringsel eignen. Wichtig ist immer zu fragen, ob das Öl auch wirklich von Korfu stammt und nicht vom Festland importiert wurde. Wer eine größere Menge für den Eigenbedarf braucht, sollte einen Blechkanister kaufen.
- **Heinmischer Honig** ist ebenfalls gut, allerdings nicht billig. Auf der ganzen Insel sieht man Bienenstöcke – der Honig aus den Bergen ist oft köstlich und hat das Aroma der Kräuter und Blumen.
- **Kumquatlikör** ist ein ganz besonderes Andenken und ist mit unterschiedlichem Alkoholgehalt erhältlich. Als Faustregel gilt: je stärker, desto besser. Manchmal bekommt man nach dem Essen vom Restaurant noch ein Gläschen kredenzt, meist eine weniger hochprozentige Variante. Viele Geschäften lassen ihre Kunden die verschiedenen Sorten probieren.
- Weitere Spezialitäten sind **Oliven, Kräuter, Gewürze, Nüsse** und **Käse**.

Gold, Silber und Schmuck
- **Silberschmiede** gibt es in ganz Griechenland. Eine lange Tradition haben Epirus und Ionnanina auf dem Festland gegenüber von Korfu. Manche Stücke finden den Weg bis auf die Insel.
- Vielen Touristen erscheint der **griechische Schmuck** zu protzig, aber einige junge Designer kreieren inzwischen ganz ansprechende Ringe, Ohrringe und Ketten.
- **Kopien von Museumsexponaten** sind in der Regel sehr gut gemacht.

Ikonen
- Es gibt kaum ein **typischeres Andenken** aus Griechenland als eine Ikone – ein Heiligengemälde auf Holz. Heute sind die meisten Massenware, aber es gibt immer noch Künstler, die sie von Hand malen.
- In den **Klöstern** ist die Auswahl am besten.

Lederartikel
Leder ist fast überall ein guter Kauf, eine empfehlenswerte Adresse ist das Viertel Campiéllo in Korfu-Stadt, wo Sandalen, Schuhe, Taschen und Gürtel verkauft werden.

Webwaren
Handgewebtes und Stickereien sind auf der ganzen Insel zu finden. Die Wahrscheinlichkeit, ein schönes Stück zu erwischen, ist in den Dörfern genauso groß wie in Korfu-Stadt. Kassiopi ist das Zentrum für Spitzen und Häkelarbeiten.

Einkaufen / Ausgehen

Holzschnitzerei
Da es auf Korfu so viele verschiedene Olivenbäume gibt, nutzen die Einheimischen logischerweise auch das Holz. Es gibt in fast jedem Ort und größeren Resort einen Schnitzer, der Wanderstöcke, dekorative Schalen und Küchenartikel herstellt.

Tipps
- In der Regel wird auf Korfu **nicht groß gefeilscht**. Der auf der Ware ausgewiesene Preis ist auch zu bezahlen, es wird höchstens Mengenrabatt gegeben. Auf den Märkten sollte man aber durchaus handeln.
- In Griechenland wird eine im Preis enthaltene **Umsatzsteuer** von 18 % erhoben. Nicht-EU-Bürger bekommen sie in Geschäften, die als »Tax-Free for Tourists« gekennzeichnet sind, erstattet.
- Nicht alles an **Kunsthandwerk** stammt aus heimischer Produktion. In Asien boomt der Markt in Sachen Andenkenherstellung fürs Ausland. Ein kritischer Blick ist deshalb angebracht!

Ausgehen

Auf Korfu ist das Angebot an Unterhaltungsmöglichkeiten groß – von kulturellen Aktivitäten und klassischer Musik bis hin zur modernen Club- und Diskoszene und natürlich spontanen Musik- und Tanzveranstaltungen, die das Leben in Griechenland prägen.

Kunst und Festivals
- **Religiöse Feste** finden überall auf der Insel und das ganze Jahr über statt. Die größte Bedeutung haben Ostern und die vier Festtage zu Ehren des hl. Spyridon (► 14f).
- **Ostern** fällt meist in den April, ist oft aber nicht mit dem Termin des christlichen Osterfestes identisch. Auf Korfu begeht man den Karsamstag als einen der Festtage zu Ehren des hl. Spyridon. Dann werden in Korfu-Stadt Töpfe von den Balkonen geworfen. Der Ursprung dieses Brauchs ist nicht bekannt, er angeblich soll damit dem Ärger über den Judas-Verrat Ausdruck verliehen werden. Vielleicht bedeutet die Sitte aber auch einfach, dass Altes weggeworfen wird, um den kurz bevorstehenden Sommer zu begrüßen.

Bars, Clubs und Diskotheken
- Auf Korfu gibt es unzählige Kneipen und Musikclubs, viele davon in **umtriebigen Ferienorten** wie Kavos, Kassiopi und Sidari.
- Korfu-Stadt hat die modernsten Nachtclubs der Insel; viele liegen am so genannten **Disko Strip** an der Hauptküstenstraße, die gen Norden aus der Stadt führt, sie beginnt ein paar Kilometer hinter dem Neuen Hafen. Taxis pendeln regelmäßig zwischen Korfu-Stadt und den Ferienorten weiter nördlich.

Cafés
In Korfu-Stadt verbringen die Einheimischen den ganzen Abend im Café, vor allem am Listen. Dort treffen sie sich mit ihren Freunden auf einen Aperitif vor dem Essen, gehen dann in ein Lokal und kommen wieder ins Café zurück, um noch einen Kaffee oder Kognak zum Abschluss zu trinken – die griechische Variante des Kognak heißt Metaxa.

Erster Überblick

Spielkasino
Im *Corfu Holiday Palace Hotel* (➤ 72) befindet sich das einzige Spielkasino (Tel. 26610-46941; www.corfu-casino.gr) der Insel. Es hat jeden Abend von 20 bis 2 Uhr geöffnet. Eingelassen wird man ab 18 Jahren und nur unter Vorlage seines Passes. Männer sollten Sakko und Krawatte tragen.

Kinos
In Korfu-Stadt gibt es zwei Kinos, darunter das Foinikas (Tel. 26610-37428) mit Freilichtaufführungen im Sommer an der Akadimias. Im Winter öffnet das Orpheus (Tel. 26610-39768) an der Kreuzung von Akadimias und Aspioti.

Sport
- **Cricket** wird auf Korfu in Gouvia gespielt, wo kürzlich ein neues Spielfeld gebaut wurde. Es ist der einzige Platz in Griechenland.
- **Radfahren und Mountainbiken** sind auf ganz Korfu beliebt; in den meisten Ferienorten werden Räder vermieten.
- Der **Corfu Golf Club** (Tel. 26610-94220) liegt in der Nähe von Ermones in der Ropa-Ebene. Auch Nicht-Mitglieder dürfen dort spielen. Ausrüstung wird verliehen, muss aber vorher reserviert werden.
- Auf Korfu gibt es diverse **Reitställe**, zu den besten zählen die Ropa Valley Riding Stables (Tel. 26610-94220).
- Korfu ist ein Eldorado für **Wanderer**, in den Buchläden und Reisebüros sind diverse Wanderführer erhältlich. Für Ambitionierte gibt es den Fernwanderweg Corfu Trail (www.corfutrail.org).
- Die meisten Ferienorte am Meer haben ein breites Angebot an **Wassersport**, u.a. Surfen, Gerätetauchen, Wasserski, Parasailing und Jetski fahren.
- Mehrere Hotels verfügen über eigene **Tennisplätze**, die auch von Auswärtigen benutzt werden dürfen. Eine Alternative ist der Corfu Tennis Club (Tel. 26610-37021) in Korfu-Stadt.

Presse
- Es gibt neben den griechischen auch mehrere **korfiotische Zeitungen**. Die internationale Presse ist fast überall mit einem Tag Verspätung erhältlich.
- Der *Listón*, *Exit* und der *Corfiot* haben einen Veranstaltungskalender auf Griechisch und zum Teil auch auf Englisch. Andere Publikationen haben sich auf eine Ecke der Insel spezialisiert, manche erscheinen ganzjährig, andere nur im Sommer. Sie berichten über Feste, neue Restaurants und sonstige Attraktionen.

Theater
Das **Städtische Theater** in der Theotoki 68 (Tel. 26610-37520) in Korfu-Stadt bietet Schauspiel, Tanz, klassische Musik und Oper.

Für homosexuelle und lesbische Gäste
- Korfu ist keine Szeneinsel für ein schwules Publikum, wenngleich einige **Gay Clubs** vorhanden sind – Diskretion lautet die Losung.
- In Griechenland ist **Homosexualität** ab dem 17. Lebensjahr legal. Es herrscht Toleranz; allzu offen zur Schau getragene Homosexualität sollte dennoch vermieden werden.

Kerkyra (Korfu-Stadt)

Erste Orientierung 44

In zwei Tagen 46

Nicht verpassen! 48

Nach Lust und Laune! 66

Wohin zum ... 71

44 Kerkyra (Korfu-Stadt)

Erste Orientierung

Korfu-Stadt liegt auf einer hakenförmigen Halbinsel etwa in der Mitte der Ostküste. Ein Felsvorsprung mit zwei Gipfeln und einer alten Festung ragt in die Bucht hinein. Er zieht als Wahrzeichen der Stadt alle Blicke auf sich – egal ob man sich der Kapitale vom Meer her oder über die Küstenstraße nähert.

Attraktive venezianische Gebäude und Arkaden sowie die französische und georgianische Architektur verleihen Korfu-Stadt ein elegantes, weltoffenes Gepräge. Unterhalb der Alten Festung erstreckt sich die Esplanade – sie ist der Dreh- und Angelpunkt der Stadt. Gegenüber befindet sich der Liston, eine Arkade mit Cafés und viel Flair. Von der Esplanade rund um San Rocco erstreckt sich dann landeinwärts das Geschäftsviertel. Am interessantesten ist jedoch das Gassengewirr der Altstadt zwischen der Alten Festung und dem Alten Hafen. Die Altstadt besteht aus mehreren kleineren Vierteln: Der Campiello auf dem nördlichsten Hügel ist der älteste Teil der Stadt, Korfineta liegt in der Nähe der Esplanade, Agii Apostoli unweit der Kathedrale und Tenedos und das alte Judenviertel nahe der Neuen Festung.

★ Nicht verpassen!

1. **Mouseio Vyzantino** ➤ 48
2. **Palati tou Agiou Michail & tou Georgiou** ➤ 50
3. **Campiello: Die Altstadt von Korfu** ➤ 54
4. **Agios Spyridon** ➤ 56
5. **Palaio Frourio** ➤ 58
6. **Mouseio Archaiologiko** ➤ 60
7. **Mon Repos** ➤ 62
8. **Kanoni** ➤ 64

Nach Lust und Laune!

9. Mouseio Solomou (Solomos-Museum) ➤ 66
10. Kerkyraiki Anagnostiki Etairia (Lesegesellschaft) ➤ 66
11. Mitropolis ➤ 66
12. Neo Frourio (Neue Festung) ➤ 67
13. Liston ➤ 67
14. Spianada (Esplanade) ➤ 68
15. Platia Dimarcheio (Rathausplatz) ➤ 68
16. Platitera ➤ 69
17. Angliko Nekrotafeio (Britischer Friedhof) ➤ 69
18. Ayii Iasonas kai Sosipatros ➤ 69
19. Palaiopolis (Paleopolis) ➤ 70

Der Löwe von Menekrates im Archäologischen Museum

Erste Orientierung 45

Seite 43 und links: Gassen in Korfu-Stadt

Unten: Die Mäuseinsel (Pontikonissi)

- **9** Mouseio Solomou
- **1** Mouseio Vyzantino
- **3** Campiello
- **10** Kerkyraiki Anagnostiki Etairia
- **11** Mitropolis
- **12** Neo Frourio
- **2** Palati tou Agiou Michail & tou Georgiou
- **4** Agios Spyridon
- **13** Liston
- **5** Palaio Frourio
- **15** Platia Dimarcheio
- **14** Spianada
- **6** Mouseio Archaiologiko
- **17** Angliko Nekrotafeio
- **7** Mon Repos
- **8** Kanoni
- **18** Ayii Iasonas kai Sosipatros
- **19** Palaiopolis

Mandraki

GARITSA

XENOFONDOS STRATIGOU
ARSENIOU
SOLOMOU
I THEOTOKI
G. THEOTOKI VOULGAREOS
DIMOULITSA
NIKOSTANDA
MITROPOLITOU METHODIOU
ALEXANDRAS
KOLOKOTRONI
KAPODISTRIOU
DIMOKRATIAS
ANEMOMILOS

Kerkyra (Korfu-Stadt)

In zwei Tagen

Wenn Sie sich nicht sicher sind, wo Sie Ihre Reise beginnen möchten, empfiehlt diese Route einen praktischen zweitägigen Besuch von Korfu-Stadt mit den wichtigsten Sehenswürdigkeiten. Sie können dazu die Karte auf der vorangegangenen Seite verwenden. Weitere Informationen finden Sie unter den Haupteinträgen.

Erster Tag

Vormittags
Versuchen Sie gleich morgens beim ❶ **Byzantinische Museum** (links; ➤ 48f) zu sein und planen Sie für die Besichtigung eine Stunde ein. Wer sich für korfiotische Literatur interessiert, macht Halt im ❾ **Museio Solomou** (➤ 66) und in der ❿ **Lesegesellschaft** von Korfu (➤ 66), sie liegt auf dem Weg zum ❷ **Gouverneurspalast** (➤ 50ff). Rechnen Sie mit zwei bis drei Stunden für die eingehende Besichtigung der Palastattraktionen. Das *Art Gallery Café* bietet sich für eine Kaffeepause oder zum Mittagessen nach der Besichtigung an.

Nachmittags
Bummeln Sie am Liston und am nördlichen Ende der grasbewachsenen Spianada (Esplanade) entlang. Ein Spaziergang durch die Altstadt (➤ 158ff) ist eine gute Möglichkeit, den ❸ **Campiello** (➤ 54f) zu besichtigen. Unterwegs kommen Sie auch am ⓯ **Rathausplatz** (➤ 68f), an ❹ **Agios Spyridon** (unten; ➤ 56f), an der ⓫ **Kathedrale** (➤ 66f) und an der ⓬ **Neuen Festung** (➤ 67) vorbei. Von dort hat man einen schönen Blick auf den Campiello. Auf der Solomou liegen viele Cafés und Tavernen.

In zwei Tagen

Abends
Der Spaziergang führt nun zum 🔟 **Liston** (links; ➤ 67f) zurück. Sie können sich an einen Tisch setzen und die Leute beim Abendspaziergang beobachten oder auch die 🔟 **Alte Festung** (➤ 58f) besichtigen; sie ist im Sommer bis 19 Uhr geöffnet. Mehrere gute Restaurants (➤ 73f) liegen in Laufnähe.

Zweiter Tag

Vormittags
Wer die Alte Festung noch nicht gesehen hat, sollte hier um 8.30 Uhr mit der Besichtigung beginnen. Dann geht es über die restliche 🔟 **Esplanade** (➤ 68) zum 🔟 **Archäologischen Museum** (rechts; ➤ 60f). Nach der einstündigen Besichtigung erreichen Sie in 30 Minuten 🔟 **Mon Repos** (➤ 62f) am Meer. Unterwegs lohnt ein Abstecher, um die hübsche Kirche 🔟 **St. Jason und St. Sosipater** zu besichtigen (➤ 69f).

Mittags
In Mon Repos werden keine Erfrischungen verkauft. Sie sollten also einen Picknickkorb packen, um die schattigen Plätze zu genießen.

Nachmittags
In Mon Repos können Sie am frühen Nachmittag locker zwei Stunden im Palaiopolis-Museum mit seinen faszinierenden Exponate verbringen. Im Garten steht ein schöner dorischer Tempel (15 Minuten Fußweg). Archäologie-Fans interessieren sicher noch die Ruinen von 🔟 **Palaiopolis** (➤ 70). Spazieren Sie am Meer entlang oder nehmen Sie den Bus nach 🔟 **Kanoni** (➤ 64f), um den Sonnenuntergang bei einem Drink mit Blick auf das schöne Vlacherna (unten) auf sich wirken zu lassen.

Abends
Nun geht es zum Abendessen zurück nach Korfu-Stadt.

48 Kerkyra (Korfu-Stadt)

🟥 Mouseio Vyzantino (Byzantinisches Museum)

Das Byzantinische Museum steht an der Uferstraße zwischen der Alten Festung und dem Neuen Hafen; es birgt einen bedeutenden kunsthistorischen Schatz der Insel. Die ehemalige Kirche aus dem 15. Jh. bildet heute die perfekte Kulisse für 90 Ikonen aus dem 15. bis 19. Jh.

Die Kirche Panagia Antivouniotissa wurde im 15. Jh. erbaut und gilt als einer der ältesten und schönsten Sakralbauten auf Korfu. Die einschiffige Basilika mit Holzdach ragt am Ende einer Treppe auf; ihr schlichtes Äußeres ist charakteristisch für die korfiotischen Kirchen dieser Zeit. Der beeindruckende Innenraum blieb erhalten; die wertvolle Ikonensammlung des Museums ist in den drei umliegenden Vorhallen ausgestellt.

Seit dem Niedergang Konstantinopels 1453 bis 1669 war das von den Venezianern besetzte Kreta das bedeutendste künstlerische Zentrum Griechenlands. Die Ikonenmalerei der Kretischen Kunstschule erlebte ihre Blütezeit; Klöster und Adelige erwarben die Werke. Korfu wurde zu einem wichtigen Sprungbrett der kretischen Maler auf dem Weg nach Venedig, so lebte zum Beispiel Thomas Bathos von 1585 bis 1587 auf Korfu. Emmanuel Tzanes, dessen Arbeiten ebenfalls im Museum hängen, soll im 17. Jh. den kretischen Stil auf Korfu eingeführt haben. Nachdem Kreta 1669 an die Ottomanen fiel, suchten viele weitere Künstler auf der Insel Zuflucht. Ihr Einfluss stieg rasch, Korfu blieb dadurch eine treibende Kraft der traditionellen byzantinischen Kunst.

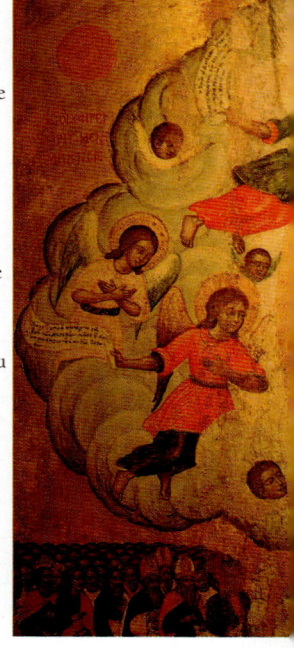

Byzantinische Schätze

Die Besichtigung des Museums beginnt im Obergeschoss in der ehemaligen Sakristei, wo u. a. das Kirchensilber, reich bestickte Gewänder, mit Edelsteinen besetzte Kruzifixe und Kommuniongefäße aus Gold sowie andere Schätze ausgestellt sind. Das bestickte Altartuch *Die Wehklage* aus dem 19. Jh. zeigt die Grablegung Christi.

Im Erdgeschoss sind die Ikonen in chronologischer Reihenfolge präsentiert; die frühesten sind Fresken. Die meisten gehören der Kirche, einige stammen jedoch aus der alten byzantinischen Sammlung des Museums für Asiatische Kunst. Präsentiert werden beliebte byzantinische Themen, darunter die Mutter Gottes mit Kind, Christus als Pantokrator und der hl. Georg beim Töten des Drachens.

Mouseio Vyzantino 49

Das Byzantinische Museum präsentiert eine exquisite Sammlung von Ikonen aus dem 13. bis 17. Jh. sowie weitere religiöse Objekte

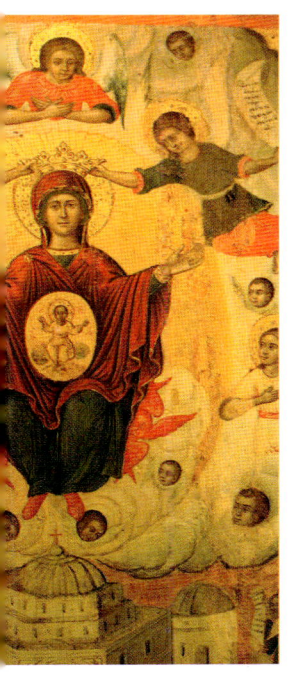

Weitere Ikonen sind in der herrlich restaurierten Kirche selbst zu sehen. Über den hohen Kirchenbänken aus Holz wurden die Wände mit Hilfe einer Schablone bemalt, sodass sie jetzt wie eine Velourstapete wirken; die Kassettendecke ist mit vergoldeten Holzschnitzereien geschmückt. Der Balkon hinten lohnt einen genaueren Blick und bietet zudem einen guten Überblick über das Kirchenschiff.

KLEINE PAUSE
Pizza Pete, Arseniou 19 (Tel. 26610-22301) liegt nur ein Stück die Straße hinauf und hat eine einladende Terrasse mit Meerblick.

181 D5
Arseniou ☎ 26610-38313 ⏰ Di–So 9–15 Uhr
Lokale und Cafés in der Nähe Preiswert
Fotografieren ohne Blitz erlaubt

MOUSEIO VYZANTINO: INSIDER-INFO

Top-Tipp: Die letzten **Eintrittskarten** werden um 14.30 Uhr verkauft. Da man für einen Schnelldurchgang mindestens 30 Minuten braucht, macht es wenig Sinn, im letzten Moment einzutreffen.

Ein Muss! In der **hinteren Kirchenvorhalle** befindet sich eine große Ikone von Michael Damaskinos (16. Jh.), auf der die Heiligen Sergius, Bacchus und Justinus dargestellt sind. Die Ikone ist detailreicher als andere vergleichbare Ikonen; Schatten liegt auf den Gesichtern, Knien und Beinen, dadurch wirken die Figuren realistischer.

Kerkyra (Korfu-Stadt)

❷ Palati tou Agiou Michail & tou Georgiou (Gouverneurspalast)

Der Palast St. Michael und St. Georg ist die bedeutendste Hinterlassenschaft der Briten auf Korfu. Er ist das erste neoklassizistische Gebäude des modernen Griechenlands und gilt als eines der schönsten Beispiele für diesen Stil. Im Palast wird eine wunderbare Sammlung asiatischer Kunst gezeigt; in den Seitenflügeln befinden sich zwei Galerien mit griechischen Kunstwerken.

Der Palast wurde von 1819 bis 1824 erbaut, als Sir Thomas Maitland britischer Lordhochkommissar der Ionischen Inseln war. Das zweistöckige Gebäude ist ein Entwurf von Sir George Whitmore. Die lange Fassade zieren dorische Säulen; sie wird an beiden Seiten von Triumphbögen flankiert, die nach den beiden Heiligen benannt sind. Den Palast umgeben herrlich angelegte Gärten; davor steht die Statue von Maitlands Nachfolger, Sir Frederick Adam – mit einer Toga bekleidet.

Im Gouverneurspalast hat das beeindruckende Museum für Asiatische Kunst seinen Sitz

Palati tou Agiou Michail & tou Georgiou 51

Exponate des Museums für Asiatische Kunst

In der kunstvollen Residenz des Lordhochkommissars hatten auch das Ionische Parlament und der Senat ihren Sitz, dazu kamen die Räume des Order of Saints Michael and George. Nach dem Abzug der Briten 1864 nutzte die griechische Königsfamilie den Palast als Sommerresidenz. Er wurde 1994 anlässlich des EU-Gipfeltreffens restauriert.

Im Erdgeschoss nimmt die Städtische Kunstgalerie den Ostflügel ein. Sonderausstellungen mit Werken aus dem Museum für Asiatische Kunst werden im Westflügel gezeigt. Dort tritt auch der Ionische Senat zusammen.

Eine monumentale Treppe führt zu drei prunkvollen Staatsgemächern im ersten Stock. Am schönsten ist die Rotunde in der Mitte mit Nischen und Statuen, einer Kuppel in Blau und Gold sowie einem beeindruckenden Parkett, das von der Mitte aus kreisförmig nach außen verlegt wurde. Links befindet sich der Thronsaal mit Kristallleuchtern, roten Velourstapeten und dem Thron des britischen Lordhochkommissars. Die Fresken im Bankettsaal rechts zeigen die Insignien des Privatclubs Order of Saints Michael and George.

Museum für Asiatische Kunst

In den ersten Stockwerken des Ost- und Westflügels hat das Museum für Asiatische Kunst seine Räume. Es wurde 1927 als Sino-Japanisches Museum ins Leben gerufen und beeindruckt mit über 11 000 Objekten. Einen Großteil der Sammlung trug

Gregorios Manos

Manos (1850–1928) wurde auf Korfu geboren. Er war als griechischer Botschafter in Österreich tätig und lebte viele Jahre in Frankreich. Seine umfangreiche Sammlung japanischer, koreanischer und chinesischer Kunst – insgesamt 10 500 Objekte – wurde von Auktionshäusern in Paris und Wien erworben. 1919 bot er die Sammlung dem griechischen Staat an; das Museum öffnete 1927 seine Pforten. Manos starb ein Jahr später verarmt: Er hatte sein gesamtes Vermögen für den Erwerb der herrlichen Kunstwerke ausgegeben.

Kerkyra (Korfu-Stadt)

Lackarbeiten
Die ersten Kunstobjekte, die Manos aus Japan mit nach Europa brachte, waren mit Lack verziert. Diesen Lack gewinnt man traditionell aus dem Saft des Lackbaums, der in Ost- und Südostasien wächst. Farben und Bindemittel werden hinzugefügt, das Gemisch dann Schicht um Schicht aufgetragen, die jeweils gut durchtrocknen müssen. Insgesamt sind bis zu 100 Schichten nötig, um den charakteristischen tiefen Glanz zu erzeugen.

Gregorius Manos zusammen, ein griechischer Diplomat, der auch als erster Direktor des Museums fungierte. Im Lauf der Jahre ist das Museum durch Spenden zu einer der umfassendsten Sammlung orientalischer Kunst weltweit avanciert. Zu sehen sind Keramiken, Bronzen, Gemälde und Skulpturen, Holzschnitzereien, Miniaturen und vieles mehr.

Im Ostflügel ist die unglaubliche Sammlung von Manos in chronologischer Abfolge ausgestellt. Den Anfang machen Tongefäße aus der chinesischen Shang-Zeit (1600–1028 v. Chr.). Es gibt Weingefäße aus Bronze, Buddhas aus Stein, herrlich lasierte Terrakotta-Objekte, leuchtend blaues Porzellan, seltene zartgrüne Celadon-Vasen und edle Jadearbeiten. Hübsch sind auch die verzierten Schnupftabakfläschchen im letzten Raum.

Der Westflügel ist nach Nicolaos Chatzivasileiou benannt, der als Botschafter in Indien und Japan arbeitete, Griechenland aber auch in Korea, Tibet, Nepal, Pakistan und Thailand repräsentierte. 1974 schenkte er der Sammlung 450 Werke. Daraufhin wurde das Museum umbenannt, denn man wollte dem breiteren Spektrum asiatischer Kunst Rechnung tragen.

In den ersten beiden Räumen sind japanische Paravents zu sehen. Die folgenden Säle widmen sich der Teezeremonie, Lackarbeiten, Theatermasken und Artikeln des täglichen Gebrauchs von Kämmen bis hin zu Sake-Gefäßen. Ein anderer Raum zeigt die traditionelle Kunst der Edo-Periode (17.–19. Jh.), darunter Miniaturbilder, Elfenbeinarbeiten, Töpferwaren, Buddhas und Musikinstrumente.

Im Gang hängen Holzschnitte: Kitagawa Utamaros (1753–1806) Serie von »Schönheiten« zeigt Frauen in Alltagssituationen, die voll subtiler Sinnlichkeit sind. Von dort geht es in einen Saal mit beeindruckenden Samurai-Schwertern und -waffen.

Städtische Kunstgalerie
Die Ausstellung moderner Kunst erreicht man durch die schattigen Gärten an der Ostseite. Präsentiert werden vor allem Werke korfiotischer Maler und Bildhauer des 19. und 20. Jhs. Die recht kleinen Säle wirken nach dem pompösen Hauptpalast etwas verloren, doch auch hier hängen einige sehenswerte Gemälde. Im Saal rechts vom Empfang befinden sich vier große byzantinische Ikonen aus dem 16. Jh. von Michael Damaskinos.

Im ersten Raum links beeindrucken zwei Gemälde von Paul Prossalendis dem Jüngeren – es sind arabische Musiker dargestellt (1880–82) – sowie die melodramatische *Ermordung des Capodistrias* von Pachis Charalambos (1844–91). Das Museum bietet viele Werke von Georgios Samartzis, darunter *Nacht in Korfu* (1913). Die Werke zeigen die damalige Mode und Kinderspielzeug, vor allem aber die Kaffeehauskultur, wie sie bis heute besteht.

Palati tou Agiou Michail & tou Georgiou 53

Edles Porzellan im Museum für Asiatische Kunst

Museum für Moderne Kunst

Im angrenzenden Flügel rechts vom Hauptpalast befindet sich eine kleine Seitengalerie, in der das Museum für Moderne Kunst zu Hause ist. In wechselnden Verkaufsausstellungen wird zeitgenössische griechische Kunst präsentiert.

KLEINE PAUSE

Das **Art Gallery Café** (€) im rückwärtigen Teil des Palastes auf Höhe des Gartens bietet Baguettes, Salate, Kaffee und Kuchen an schattigen Tischen im Freien.

181 D5

am nördlichen Ende der Esplanade ☎ 26610-30443 Museum für Asiatische Kunst Di–So 8–15 Uhr (im Sommer bis 19.30 Uhr); Städtische Kunstgalerie und Museum für Moderne Kunst täglich 9–17 Uhr Art Gallery Café (€) Museum für Asiatische Kunst: mittel; Städtische Kunstgalerie und Museum für Moderne Kunst: preiswert Fotografieren ohne Blitz erlaubt

---

PALATI TOU AGIOU MICHAIL & TOU GEORGIOU: INSIDER-INFO

Ein Muss!
Chinesische Statuetten, Tang-Dynastie (Ostflügel);
Rituelle Bronzegefäße, Shang-Dynastie (Ostflügel);
Chinesische Porzellanvasen, Kangxi-Periode (Ostflügel);
Japanische Paravants, Edo-Zeit (Westflügel);
Japanische Masken aus dem No-Theater (Westflügel)
Holzschnitte von Kitagawa Utamaro (Westflügel)
Samurai-Waffen, Han-Dynastie (Westflügel).

Geheimtipp: Im Westflügel erinnert der **klappbare japanische Paravent** *Pferde beim Spiel und beim Ruhen* an alte Höhlenmalereien. Besonders eindrucksvoll sind die ausdrucksstarken Mienen der Pferde, die trotz der gedämpften Farben lebhaft wirken.

54 **Kerkyra (Korfu-Stadt)**

❸ Campiello: Die Altstadt von Korfu

Campiello ist das älteste Viertel der Altstadt. Schmale Gassen schlängeln sich entlang hoher Häuser bergauf und bergab; zwischen den Häusern hängt Wäsche zum Trocknen. In Campiello gehört es einfach dazu, dass man sich verirrt – das macht erst den eigentlichen Reiz des Viertels aus.

Campiello wurde erstmals im 10. Jh. besiedelt, als sich die Stadt von der Alten Festung in Richtung Binnenland ausdehnte. Seinen heutigen Charakter prägten die Venezianer, denn sie erweiterten die Stadtmauern, um das Wohngebiet zwischen der Alten und der Neuen Festung durch Mauern zu schützen. Der nördliche Teil am Meer heißt bis heute Mouragia – »Mauern«. Hier errichteten die Venezianer hübsche Häuser mit drei oder vier Stockwerken. Als die Bevölkerung zunahm, wurden einfach noch ein paar Etagen aufgesetzt, denn jeder wollte innerhalb der Stadtmauern wohnen.

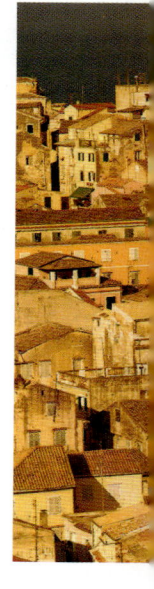

Szenen aus dem Alltag

Im 19. Jh. wurde die Mauer eingerissen, doch das mittelalterliche Flair blieb erhalten. Viele der schmalen, verkehrsberuhigten Straßen – *kandounia* – sind mit Steinplatten gepflastert und durch steile Treppen und Durchgänge miteinander verbunden. Die Fassaden in verblichenem Gelb, Pink und Eierschale werden von dunkelgrünen oder grauen Fensterläden, schmiedeeisernen Balkonen und dekorativen Türrahmen akzentuiert. Eine vereinzelte Palme kennzeichnet manchmal einen winzigen Platz *(plateia)*.

Einige Sehenswürdigkeiten darf man keinesfalls verpassen. Wie reizvoll das Viertel ist, wird erst deutlich, wenn man durch die Gassen bummelt und die Seitenstraßen erkundet, in denen sich das ganz normale Alltagsleben abspielt: Kinder, die unter dem strengen Blick der Großmutter herumtollen, ein Balkon voller Blumen, ein kleiner Altar, ein Blick in eine offen stehende Tür, ein schlafender Hund auf dem Gehsteig.

Sehenswert ist auch der Venezianische Brunnen (1699) am winzigen Kremásti-Platz. Er ist mit Gesichtern und Kreuzen verziert und ein hübsches Relikt aus der Zeit der Venezianer. Gegenüber liegt die Kirche Panagia Kremásti, die aus dem frühen 16. Jh. stammt. Die Marmor-Ikonostase mit Efeuranken und einige Ikonen im Kirchenschiff lohnen einen Blick.

Blick über die Dächer von der Neuen Festung aus

KLEINE PAUSE

Die kleine ***ouzeri Mouragia*** (▶ 74) am Meer eignet sich perfekt, um eine Kleinigkeit – oder mehr! – zu essen.

✚ 181 D5

Campiello: Die Altstadt von Korfu

Eine der vielen engen Gassen *(kandounia)* in der Altstadt

CAMPIELLO: INSIDER-INFO

Top-Tipps: Wer sich im **Straßengewirr** verirrt, sollte einfach einen Blick nach oben werfen. Der Glockenturm von St. Spyridon ist eine gute Orientierungshilfe. Und der Sonnenstand ist natürlich auch ganz aufschlussreich.
• Der **Venezianische Brunnen** am Kremásti-Platz lässt sich am besten frühmorgens oder zwischen 15 und 18 Uhr besichtigen. Dann ist der Platz gerade einmal nicht voller Gäste, die die Tische des gleichnamigen Lokals belegen.

Muss nicht sein! Der **Taxiarchon-Platz** ist in vielen Stadtplänen verzeichnet, aber kaum mehr als ein Parkplatz.

Kerkyra (Korfu-Stadt)

4 Agios Spyridon

Bedenkt man, welch eine enorme Bedeutung diese Kirche hat, ist sie eigentlich überraschend klein. Hier befinden sich die Reliquien des hl. Spyridon, des Schutzheiligen von Korfu, in einem kunstvollen Sarkophag. Das Gotteshaus ist mit Ikonen, Fresken sowie Silber- und Goldornamenten geschmückt.

Der hl. Spyridon (➤ 12f) kam auf Korfu zur Welt. Er war Schäfer und wurde später zum Bischof ernannt. Vor seinem Tod 350 schrieb man ihm viele Wunder zu. Nach dem Niedergang Konstantinopels wurden seine sterblichen Reste 1456 nach Korfu gebracht, und man erbaute eigens diese Kirche, um sie dort aufzubewahren. Das Gebäude wurde später abgerissen und durch den gegenwärtigen Bau von 1590 ersetzt. Der Glockenturm mit roter Kuppel ist der höchste auf der Insel und ein Wahrzeichen von Korfu-Stadt.

Angesichts der schlichten Fassade überrascht der prachtvoll gestaltete Innenraum mit einer herrlichen Ikonostase aus weißem Kykladen-Marmor. Die oberen Bildtafeln zeigen die Verkündigung, das Letzte Abendmahl und die Verklärung Jesu sowie mehrere Personen aus dem Testament. In den Deckengemälden sind Szenen aus dem Leben des hl. Spyridon dargestellt. Sie stammen von Panayiotis Doxaras, einem Meister der Ionischen Schule und wurden im 19. Jh. restauriert. In der Kirche gibt es unzählige Leuchter, Kandelaber und Weihrauchgefäße – angeblich befindet sich in ihr (nach der Kirche Panagia Evangelistria auf der Insel Tinos) die zweitgrößte Menge an Silber aller griechischen Gotteshäuser.

Oben: Blick auf den Turm von St. Spyridon

Heiligenverehrung

Die Gebeine des hl. Spyridon ruhen in einem kunstvollen Silbersarkophag mit Emaillemedaillons in einer winzigen Kapelle rechts vom Altar. Darüber hängen viele Weihrauchgefäße, an denen kleine Silberschiffe und Votivgaben baumeln. Spyridon

Agios Spyridon 57

ist zusammen mit St. Nikolaos zugleich der Schutzheilige der Seeleute. Die Gläubigen stehen Schlange, um den Sarkophag zu küssen, und hinterlassen Zettelchen mit Fürbitten. Viermal im Jahr und an seinem Namenstag, dem 12. Dezember, wird der Sarkophag geöffnet und das mumifizierte Antlitz des Heiligen unter Glas ausgestellt. An den Füßen trägt er bestickte Schuhe. Er bekommt alljährlich neue, da die alten angeblich wegen seiner nächtlichen Spaziergänge in der Stadt verschlissen sind. Am Palmsonntag, Ostersonntag, am 11. August sowie am ersten Sonntag im November wird der Heilige aufrecht im offenen Sarg durch die Stadt getragen. Diese vier Prozessionen erinnern an vier Ereignisse, bei denen der Heilige die Insel vor Katastrophen rettete: einmal vor einer Hungersnot, zweimal vor der Pest und einmal vor der Invasion der Türken. Das ganze Jahr über entzünden die Gläubigen ihm zu Ehren vor der Kirche ein Licht in einem Messingkerzenhalter.

KLEINE PAUSE

Die Agios Spyridon führt zum **Liston** und den Cafés an der **Kapodistriou**.

📍 181 D5
✉ Agios Spyridon 🕒 tägl. von Sonnenaufgang bis Sonnenuntergang
💰 frei 📷 Fotografieren verboten

Unten: Sarkophag des hl. Spyridon, des Schutzpatrons von Korfu

AGIOS SPYRIDON: INSIDER-INFO

Top-Tipp: Auf Besichtigungen während des Gottesdiensts sollte man verzichten. Auf **angemessene Kleidung** ist zu achten, das heißt: keine Shorts und schulterfreien Oberteile.

Geheimtipp: An der Wand rechts von der Ikonostase lohnt ein Blick auf die **Ikone des hl. Spyridon**; er trägt ein braunes Gewand mit Kreuzmuster. Die Ikone wurde im 18. Jh. von Konstandinos Kondarinis gemalt und zählt zu den schönsten Darstellungen des Heiligen auf Korfu.

58 Kerkyra (Korfu-Stadt)

5 Palaio Frourio

Die Alte Festung (Paleo Frourio) ist die markanteste Sehenswürdigkeit in Korfu-Stadt. Sie sticht schon ins Auge, wenn man sich der Stadt vom Meer her nähert. Die Festung steht östlich der Altstadt auf einem Felsen und bietet dadurch einen herrlichen Blick über die Stadt und das Meer.

Die erste Festung wurde im 6. Jh. errichtet, nachdem die Goten die alte Stadt bei Palaiopolis (▶ 70) überfallen und zerstört hatten. Die Überlebenden siedelten sich danach auf dieser höher gelegenen Landspitze an. In der Mitte der Landspitze ragen zwei Hügel auf, die als Koryfes bekannt sind – das griechische Wort für »Gipfel«. Von ihnen leitete sich vermutlich auch der Name der Stadt im Mittelalter ab: Korfyo bzw. Corfu auf Lateinisch. Im Lauf der Zeit errichteten die Byzantiner eine Festungsanlage mit Türmen und Mauern, um Seeüberfälle zu verhindern, bis schließlich im 10. Jh. die ganze Stadt von einer Mauer umschlossen war.

Die Venezianer bauten die Mauern Anfang des 15. Jhs. um und legten einen Verteidigungsgraben (Contrafossa) samt einer Holzbrücke an. Von 1550 bis 1588 erweiterten sie die Wehranlagen. Später zerstörten die Briten die Bastion der Venezianer und ersetzten sie durch Kasernen und ein Krankenhaus. Die griechische Armee nutzte die Festung bis 1979, dann begannen Archäologen mit der Restaurierung.

Heute gelangt man von der Esplanade über eine Brücke über den Contrafossa in die Festung; der Burggraben ist jetzt ein malerischer Kanal, auf dem Tretboten fahren. Vor dem Eingang steht eine Statue des Grafen Johann Matthias von der Schulenburg: Der deutsche General hatte die Verteidigung der Insel 1716 gegen die türkischen Invasoren geleitet.

Unten: Die Alte Festung

Palaio Frourio 59

PALAIO FROURIO: INSIDER-INFO

Top-Tipps: Das **Kombiticket** für die Alte Festung, das Byzantinische Museum, das Archäologische Museum und das Museum für Asiatische Kunst ist am günstigsten.
• Wer **Fotos** von der Alten Festung über Korfu-Stadt machen will, sollte am Morgen kommen, dann hat man die Sonne im Rücken. Die besten Aufnahmen von der Festung gelingen am Spätnachmittag von der Esplanade aus.

Sehenswürdigkeiten

Im Pförtnerhaus befindet sich heute ein kleines byzantinisches Museum (Eintritt inkl.). Zu sehen sind Skulpturen und Mosaiken aus der Basilika von Palaiopolis und Fragmente von Fresken aus anderen byzantinischen Kirchen. In der Festung führt rechts ein Weg zur Kirche St. Georg, die 1840 erbaut wurde und einem antiken Tempel nachempfunden ist. Sie wurde im Zweiten Weltkrieg beschädigt und ist seit ihrer Restaurierung orthodox.

Am Eingang geht es steil an einem venezianischen Glockenturm vorbei zum Gipfel Castel a Terra hinauf, der von einem Leuchtturm beherrscht wird. Von hier bietet sich ein herrlicher Blick über die Esplanade auf die Altstadt. Im Norden sieht man den Pantokrator, außerdem Ferienorte wie Nisaki, die albanische Küste und das griechische Festland. Nach Süden öffnet sich ein herrlicher Panoramablick über die Insel.

Oben:
Venezianischer
Glockenturm

KLEINE PAUSE

Das nette **Lokal mit Bar** am unteren Wall hat abends noch offen, wenn die Festung selbst schon geschlossen ist.

✚ 181 E4 ✉ Spianada (Esplanade) ☎ 26610-48310 ⏰ tägl. 8–15 Uhr, im Sommer bis 19.30 Uhr 🍴 Café in der Anlage und in der Liston-Arkade 💰 mittel
❓ Fotografieren erlaubt

60 Kerkyra (Korfu-Stadt)

6 Mouseio Archaiologiko (Archäologisches Museum)

Das kleine Archäologische Museum von Korfu zeigt zwei der schönsten Werke des antiken Griechenland – den Gorgo-Medusa-Giebel sowie den Löwen von Menekrates, der zu den frühesten Tierskulpturen zählt. Auch wenn es auf Korfu wenig Ausgrabungsstätten gibt, zeugen diese Stücke doch von der reichen antiken Vergangenheit der Insel.

Die meisten der gut präsentierten Exponate befinden sich in den sechs Sälen im Obergeschoss. Dort stehen im Vestibül Grabmonumente von einem alten Friedhof in Garitsa, darunter Urnen *(pithos)* aus dem 6. Jh. v. Chr., die die sterblichen Reste eines Kindes enthalten.

Im mittleren Raum befindet sich der wunderbare Löwe von Menekrates. Ein unbekannter Künstler aus Korinth schuf im 7. Jh. v. Chr. die lebensechte Steinfigur; sie wurde 1843 nicht weit vom Grab des Menekrates gefunden. Man geht deshalb davon aus, dass der Löwe das Grab eines Kriegers bewachte.

Der Saal hinter der Trennwand wird von einem riesigen Giebel beherrscht, der von einem dorischen Artemis-Tempel (585 v. Chr.) in Palaiopolis (► 70) erhalten blieb; er ist 17 m lang und 3 m hoch. Die Furcht erregende Gestalt von Medusa mit ihren aus dem Kopf tretenden Augen und Schlangen, die um ihr Haupt züngeln, scheint schier aus dem Giebel zu springen. Sie wird von zwei Panthern sowie von ihren Söhnen Pegasus und Chrysaor flankiert – ein Bild, das einen noch lange verfolgt.

Nebenan präsentiert der Mon-Repos-Saal Objekte, die auf der Halbinsel Kanoni (► 64f) ausgegraben wurden, darunter eine Bronzefigur – Lakon Komastis genannt – sowie eine Kutsche mit vier Pferden und Kutscher. In den restlichen Räumen sind Töpferwaren, Statuen und die umfangreiche Münzsammlung zu sehen.

Oben: Der Löwe von Menekrates

Mouseio Archaiologiko

Die Gorgonen
Der griechischen Mythologie zufolge waren die Gorgonen drei Schwestern – scheußliche Gestalten mit Fängen, Bronzeflügeln und lebenden Schlangen anstelle von Haaren. Eine von ihnen, Medusa, war einst eine Schönheit, doch als sie prahlte, dass sie schöner als Athena (die Göttin der Weisheit) sei, wurde sie von dieser in ein grauenhaftes Monster verwandelt. Medusa hatte die Gabe, jeden, der sie ansah, in Stein zu verwandeln, doch im Gegensatz zu ihren Schwestern war Medusa sterblich und wurde schließlich von Perseus getötet, der ihr den Kopf abschnitt, als sie ihr Spiegelbild in einem glänzenden Schild betrachtete. Ihre beiden Söhne Pegasus und Chrysaor entsprangen dem Blut, das aus ihrem Nacken quoll.

Oben: Der beeindruckende Gorgo-Medusa-Giebel

KLEINE PAUSE
Im Museum gibt es **kein Café**, am besten geht man also über die Kapodistriou direkt zur Platia Saroko zurück.

181 D3
Armeni Vraila 5 26610-30680 Di–So 8.30–15 Uhr mittel
Fotografieren erlaubt, kein Blitz

MOUSEIO ARCHAIOLOGIKO: INSIDER-INFO

Top-Tipp: Der **besten Blick** auf den Gorgo-Medusa-Giebel hat man, wenn man im mittleren Raum die Wand hinter dem Löwen von Menekrates umrundet. Wer Angst hat, in Stein verwandelt zu werden (siehe Kasten), sollte Medusa nur durch einen Spiegel betrachten.

Ein Muss! Der **Gorgo-Medusa-Giebel** und der **Löwe von Menekrates** sind die Stars des Museums.

Geheimtipp: Halten Sie im Apollo-Parnopios-Raum nach den **medizinischen Instrumenten aus Bronze** an der äußeren Wand Ausschau – und lassen Sie Ihre Phantasie spielen!

Kerkyra (Korfu-Stadt)

7 Mon Repos

Nach jahrelanger Vernachlässigung hat man die elegante Villa Mon Repos nun hervorragend restauriert. Sie beherbergt ein ausgezeichnetes Museum, das sich der Geschichte des antiken Palaiopolis (► 70) widmet. Die Villa liegt wunderschön auf der Halbinsel Kanoni und wird von ausgedehnten Wäldern umgeben.

Sir Frederick Adam, der zweite britische Lordhochkommissar, baute das neoklassizistische Sommerhaus für seine korfiotische Gattin. Es wurde von Sir George Whitmore entworfen, der auch den Gouverneurspalast plante, und war 1831 fertig. Von 1832 bis 1864 nutzte man die Villa für verschiedene kulturelle Veranstaltungen, dann wurde sie dem griechischen König Georg I. übergeben, der sie Mon Repos taufte. Bis 1967 diente die Villa als Sommerresidenz der königlichen Familie. Prinz Philip, Duke of Edinburgh, wurde hier 1921 geboren.

Nach jahrelangen Zwistigkeiten ging die Villa schließlich in den Besitz der Stadt Korfu über, die das Haus innen und außen schön restaurieren ließ. Von der seitlichen Terrasse aus bietet sich ein herrlicher Blick über die Hügel und das Meer.

Palaiopolis-Museum
Da rund um Mon Repos einige bedeutende Ausgrabungsstätten liegen, wurde die Villa zu einem Museum umgebaut, um die Artefakte aus Palaiopolis zeigen zu können. Die Objekte werden hervorragend und informativ präsentiert und zeichnen

Oben: Im beschaulichen Park von Mon Repos

Mon Repos

MON REPOS: INSIDER-INFO

Top-Tipps: Von der Esplanade führt ein netter halbstündiger **Spaziergang** am Meer entlang nach Mon Repos; das letzte Stück landeinwärts muss man allerdings auf der Straße laufen.

• Gegenüber vom Eingang gibt es **einige Parkplätze**, ansonsten stellt man sich an den Straßenrand. Der Parkplatz ist schlecht zu erkennen; wer ihn verpasst, muss weiterfahren, da er in einer Einbahnstraße ist.

Geheimtipp: Im Raum 12 stehen **Terrakotta-Statuetten** von Tänzerinnen, die einen Kreistanz aufführen. Mit diesem Tanz wurde im ausgehenden 6. Jh. v. Chr. einer Gottheit gehuldigt.

ein faszinierendes Bild vom Haus, seiner Umgebung, der Geschichte und der antiken Kultur.

Im Erdgeschoss vermitteln die beiden Rotunden-Räume einen Eindruck vom Regency-Stil, den Adam und seine Frau so schätzten. In den anderen Räumen werden Fotos, Drucke, historische Dokumente, klassische Skulpturen und Zeichnungen einheimischer Flora, aber auch exotischer Pflanzen, gezeigt. Raum 7 enthält eine Zeitschiene und ein sehr schönes Miniaturmodell der Stadt. Auf Knopfdruck werden die antiken Stätten der Halbinsel erleuchtet.

Im Obergeschoss präsentieren die Räume rund um das hübsche Atrium interessante Exponate zum Leben im antiken Kerkyra. Gezeigt werden Objekte aus Korfus Mittelmeerhandel, aus der Wein- und Olivenölproduktion, vom alten Marktplatz und den Badehäusern, von Göttern und ihren Heiligtümern. Dazu kommt noch eine Galerie mit Fotos archäologischer Stätten. Im zweiten Stock werden Wechselausstellungen gezeigt.

Unten: Die herrschaftlichen Räume von Mon Repos

Der Park

Der weitläufige Park rund um Mon Repos ist vor allem im heißen Sommer eine Wohltat. Hinter der Villa führt ein Weg zum dorischen Tempel aus dem 5. Jh. v. Chr. – er ist der am besten erhaltene von Palaiopolis und liegt direkt oberhalb des Wassers an einem sonnigen Platz. Der Pfad führt durch riesige Oliven- und Feigenbäume und an den Ruinen des Tempels der Göttin Hera vorbei.

KLEINE PAUSE

Das versprochene **Café** für Mon Repos wurde immer noch nicht fertig gestellt, sodass ein Picknick in den Gartenanlagen eine schöne Alternative ist.

---

181 bei E1
Vasili, Kanoni Peninsula 26610-41369
Park: tägl. 8–19 Uhr; Museum: Di–So 8.30–15 Uhr Café (€)
Blauer Bus 2 ab Korfu-Stadt nach Kanoni Park: frei; Museum: mittel
Fotografieren ohne Blitz erlaubt

Kerkyra (Korfu-Stadt)

8 Kanoni

An keinem anderen Ort auf Korfu sind vermutlich so viele Bilder gemacht worden wie hier. Auch wenn dieser herrliche Fleck Natur inzwischen ziemlich zugebaut ist, strahlt Kanoni immer noch etwas Zeitloses aus. Auf einer der beiden vorgelagerten Inselchen steht eine malerische weiße Kirche.

Der Ferienort liegt an der Südspitze der Halbinsel Kanoni, 5 km südlich von Korfu-Stadt. Hier traf man sich früher zum Picknick, und die Briten versammelten sie hier zum Abendspaziergang. Heute erstrecken sich die schicken Vorstädte über einen Großteil der Halbinsel, die ganze Küste ist mit Hotels und Apartmenthäusern bebaut. Doch den schönen Spaziergang am Meer kann man immer noch machen, er dauert etwa eine Stunde. Kanoni bedeutet »Kaser-

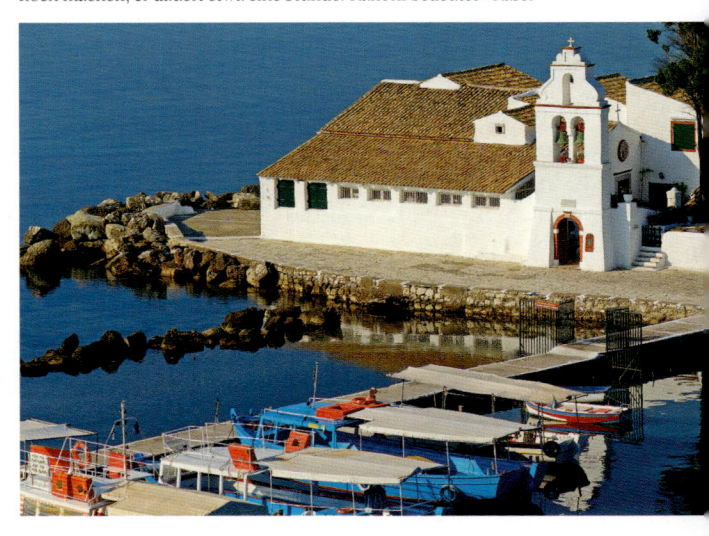

ne« – der Ort wurde nach den Kanonen benannt, die hier 1798 von Franzosen aufgestellt wurden. Eine davon steht auf dem kleinen Platz neben der Aussichtsterrasse und erinnert an diese Epoche. Für den unüberhörbaren Lärm sorgen heutzutage allerdings nicht Kanonen, sondern Flugzeuge: Die Start- und Landebahn verläuft nur ein paar hundert Meter entfernt jenseits der Halikiopoulos-Lagune. Man kann hier etwas trinken und im Sommer, wenn es besonders hoch hergeht, den Flugzeugen beim Starten und Landen zuschauen.

Unten: Das Kloster Vlacherna mit der einsamen Zypresse

Die Inseln
Hauptattraktion von Kanoni ist der malerische Blick auf die Inselchen und die Küste – eine echte Postkartenidylle. Im

**Rechts:
Im Kloster
Vlacherna**

Vordergrund liegt Vlacherna, das von einem strahlend weißen Kloster dominiert wird. Die einsame Zypresse überragt den venezianischen Glockenturm der Kirche und bildet einen hübschen Kontrast. Das Inselchen ist durch einen Damm mit dem Festland verbunden, an dem kleine Fischerboote dümpeln.

Treppen führen zum Damm hinunter, über den man den Konvent erreicht; er ist der Jungfrau Maria geweiht. Innen in der winzigen Kirche befindet sich eine Ikone der Jungfrau mit Kind; Gläubige hinterlassen hier Votivgaben mit Gebeten um Heilung.

Vom kleinen Hafen setzen Boote zum zweiten Inselchen über: Pontikonissi wird auch Mäuseinsel genannt. Die byzantinische Kapelle aus dem 11. oder 12. Jh. wird von einigen Bäumen verdeckt. Pontikonissi ist neben Kolovri und Palaiokastritsa eines der drei Inseln Korfus, die sich um einen Platz in der Mythologie streiten. Eine soll nämlich das Schiff von Odysseus sein, das Poseidon in Homers *Odyssee* in Stein verwandelt hat.

KLEINE PAUSE

Das **Café auf der Aussichtsterrasse** mit Blick über die Lagune ist beliebt – und nicht gerade billig. Von hier hat man den schönsten Blick zu den Inselchen. Auf der Mäuseinsel öffnet während der Sommersaison ein Café.

✚ 181 bei E1/183 E1
🍴 Cafés (siehe oben) 🚌 blauer Bus ab Korfu-Stadt nach Kanoni
🅿 wenige Parkplätze bei der Aussichtsterrasse; zum Parkplatz am Hafen leiten Parkplatzschilder an der Zufahrtsstraße, dann rechts abbiegen (Schild: Fontikonissi)

KANONI: INSIDER-INFO

Top-Tipps: Wer einen Spaziergang nach Kanoni macht, kann sich auf dem Rückweg am Strand von Mon Repos **im Meer erfrischen** (gegenüber vom *Mon Repos Palace Hotel*).

• **Ausflugsboote** nach Kanoni fahren im Sommer stündlich am Alten Hafen in Korfu-Stadt ab; der Blick auf die Alte Festung und die Stadt ist herrlich.

Geheimtipp: An der Halikiopoulos-Lagune überwintert trotz des Flughafens der seltene **Weiße Reiher**; er zählt zu den gefährdetsten Arten in Europa.

Kerkyra (Korfu-Stadt)

Nach Lust und Laune!

❾ Mouseio Solomou (Solomos-Museum)

Das Museum ist sicher nichts für den Durchschnittstouristen, aber die Griechen sind auf ihren Dichter Dionysios Solomos sehr stolz. Solomos kam 1798 auf der ionischen Insel Zakinthos 1798 zur Welt, zog aber 1828 nach Korfu. Sein berühmtestes Werk ist die *Hymne an den Frieden;* die ersten beiden Verse wurden für die erste griechische Nationalhymne vertont. In seinem ehemaligen Wohnhaus sind Fotos, Gemälde, Manuskripte und andere Erinnerungsstücke zu sehen; hier starb er 1857. Das Haus ist relativ schwer zu finden; es versteckt sich in der Nähe des Byzantinischen Museums.

In der Kathedrale liegen die sterblichen Reste der hl. Theodora Augusta

✚ 180 C5 ✉ hinter Arseniou 4
☎ 26610-30674 ⏰ Mo–Sa 9.30–14 Uhr
💵 preiswert ❓ Fotografieren verboten

❿ Kerkyraiki Anagnostiki Etairia (Lesegesellschaft)

Die Lesegesellschaft von Korfu wurde 1836 ins Leben gerufen und ist in einem eleganten Gebäude am Nordende von Kapodistriou zu Hause, gegenüber vom Gouverneurspalast. Stufen führen zum Eingang hinauf. In der Bibliothek stehen an die 10 000 Bücher über Korfu und die anderen Ionischen Inseln. Das Gebäude steht als Sehenswürdigkeit zwar nicht zur Besichtigung offen, aber Interessierte sind dennoch willkommen. Manchmal finden auch Sonderausstellungen statt. In der Bibliothek gibt es außerdem Zeitungen, Landkarten, Dokumente, Gemälde und Fotos.

✚ 181 D5
✉ Kapodistriou 120
☎ 26610-39528
⏰ Mo–Sa 9.15 bis 13.45 Uhr

⓫ Mitropolis

Die orthodoxe Kathedrale ragt oben an einer Treppe im Norden der Altstadt (➤ 54f) auf. Sie wurde zwar 1577 gebaut, aber erst 1841 zur Kathedrale erhoben. Das Kircheninnere ist etwas düster, aber das hohe Dach und die drei Kirchenschiffe beeindrucken dennoch. Es gibt wie immer viele Ikonen; bemerkenswert ist die Ikone des hl. Georg am Haupteingang. Die Kirche ist zu unterschiedlichen Zeiten offen, nachmittags hat man meistens Glück.

Nach Lust und Laune! 67

Der Liston – eine Arkade mit schicken
Cafés, Restaurants und Geschäften

🏛 180 C5 ✉ Plateia Konstantinou 🕐 tägl. 9–14 Uhr (nicht So während der Messe kommen) 🍴 Cafés und Restaurants in der Nähe 💶 frei 📷 Fotografieren erlaubt

12 Neo Frourio (Neue Festung)

Die Venezianer begannen im Jahr 1576 mit dem Bau der Neuen Festung – nur 30 Jahre, nachdem die Alte Festung errichtet wurde. Ganz offensichtlich sorgten sie sich um die Verteidigung der Stadt. Heute ist innerhalb der Wehrmauern nicht mehr viel zu sehen; es finden allerdings Wechselausstellungen und gelegentlich Konzerte statt, außerdem ist im Sommer ein Café geöffnet. Der Hauptgrund für den Besuch von Neo Frourio ist vor allem die schöne Aussicht. Gleich nach dem Festungseingang, am westlichen Ende der Solomou, schweift der Blick über die Dächer der Altstadt; und von ganz oben schaut man nach Albanien und zum griechischen Festland und über den Alten Hafen zu Füßen der Festung.

🏛 180 B5 ✉ Solomou
🕐 tägl. 8–15 Uhr (im Sommer bis 19.30 Uhr)
🍴 Café innen manchmal geöffnet, ansonsten gibt es viele nahe dem Haupteingang
💶 mittel
📷 Fotografieren erlaubt

13 Liston

An der Westseite der Spianada (Esplanade) befindet sich der Liston, eine Arkade mit Cafés, Restaurants und Souvenirläden. Er wurde 1807 unter der Herrschaft der Franzosen erbaut und ist eine Miniaturausgabe der Rue de Rivoli in Paris. Hier ist Tag und Nacht auch genauso viel los: Die Einheimischen treffen sich mit Freunden, lesen Zeitung oder plaudern bei einer Tasse Kaffee. Am Liston ist alles ein bisschen teurer als sonst wo in der Stadt, doch für die Atmosphäre zahlt man gerne den Aufpreis.

🏛 181 D4 🍴 Cafés und Restaurants

Kerkyra (Korfu-Stadt)

14 Spianada (Esplanade)

Die Freifläche mit Blick auf die Alte Festung heißt Esplanade und ist der Dreh- und Angelpunkt von Korfu-Stadt. Ursprünglich wurde das Areal von der venezianischen Armee für Militärparaden genutzt; der Nordteil diente als Cricketplatz. Heute ist die Grünfläche zum Teil einem Parkplatz zum Opfer gefallen, auch Cricketspiele finden hier nicht mehr statt.

Die südliche Hälfte der Esplanade ist einer der schönsten Flecken auf Korfu, er wurde schön gestaltet mit Blumenbeeten, Wegen und Bänken, einem beeindruckenden Brunnen sowie einem Musikpavillon, in dem im Sommer Konzerte gegeben werden. Am Ende findet sich ein seltsames rundes Gebäude: Die Maitland-Rotunde (Peristýlo Maitland) wurde 1816 zu Ehren des Lordhochkommissars Sir Thomas Maitland errichtet.
✚ 181 D4 🍴 Stände und Cafés entlang der ganzen Westseite

15 Platia Dimarcheio (Rathausplatz)

An der Nordseite des Rathausplatzes dominiert das elegante Rathaus aus

Das Rathaus wurde im Lauf der Jahrhunderte mehrfach umgestaltet

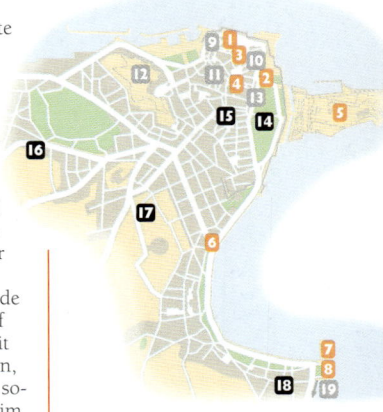

weißem Marmor vom Pantokrator. Die Venezianer bauten es 1665 als Clubhaus für den Adel. 1720 wurde es zum San-Giacomo-Theater umfunktioniert – ein Beleg mehr für das kulturelle Engagement, das schon immer in Korfu-Stadt herrschte. Das zunächst einstöckige Gebäude wurde unter den Briten 1903 als Rathaus genutzt; sie ergänzten auch den ersten Stock. Innen steht das Gebäude nicht zur Besichtigung offen, kann aber vom hübschen kleinen Platz aus bewundert werden.
✚ 181 D4 ✉ Platia Dimarcheio

Nach Lust und Laune!

Der Britische Friedhof mit Soldatengräbern

16 Platitera

Wenn man westlich vom San-Rocco-Platz rund zehn Minuten lang der lauten und viel befahrenen Küstenstraße folgt, kommt eine Oase der Ruhe: das Kloster der Hl. Jungfrau Maria. Sobald man den weiß getünchten Hof mit hohen Palmen betritt, ebbt der Verkehrslärm ab. Ein Torbogen führt zu den Hauptgebäuden. Die kleine, schwach erleuchtete Kirche wurde 1743 errichtet, jedoch von den Franzosen zerstört, als sie die Insel angriffen. 1801 hat man sie wieder aufgebaut. Hinter dem Lettner befindet sich die letzte Ruhestätte von Ioannis Kapodistrias, der auf Korfu geboren wurde und 1827 zum ersten Präsidenten des modernen griechischen Staates gewählt wurde.

180 A4 ✉ Odos Andreadi
🕐 tägl. 9–14 Uhr 🍴 viele Cafés und Tavernen in der Nähe 🎟 frei
📷 Fotografieren erlaubt

17 Angliko Nekrotafeio (Britischer Friedhof)

Nach einem kurzen Fußmarsch vom San-Rocco-Platz auf der Flughafenstraße geht es links in eine Seitenstraße zum Britischen Friedhof hinunter. Hier liegen nicht nur britische Anwohner und ein paar Soldaten begraben, die bei der Verteidigung Korfus ihr Leben verloren, der Friedhof ist auch das Ziel vieler Naturfreunde: Im Frühling weisen handgeschriebene Schilder darauf hin, nicht auf den wilden Orchideen herumzutrampeln. An die 30 Arten wachsen hier, aber auch weniger exotische Pflanzen wie Rosen, Stiefmütterchen, Farne, Fuchsien, Mohn und Lilien.

180 B3 ✉ Odos Kolokotroni
🕐 tägl. meist Sonnenaufgang bis Sonnenuntergang
🍴 viele Cafés in der Nähe 🎟 frei
📷 Fotografieren erlaubt

18 Ayii Iasonas kai Sosipatros

Im Vorort Anemomilos im Süden von Korfu-Stadt liegt nicht weit von Mon Repos (► 62f) die einzige vollständig erhaltene byzantinische Kirche Korfus. Eine der Fresken konnte zumindest auf das 11. Jh. datiert werden, wenngleich die Mauern sicher noch älter sind. Die Kirche ist dem hl. Jason und dem hl. Sosipater geweiht – zwei Bischöfen, die in der Nachfolge des hl. Paulus im 1. Jh. das Christentum nach Korfu brachten. Das Ziegeldach, das alte Ziegelmauerwerk, der Glockenturm und die Kuppel drängen sich auf engstem Raum und geben ein wunderschönes Fotomotiv ab. Innen hat die Kirche viel Flair, und die Fresken sind auf jeden Fall sehenswert.

Kerkyra (Korfu-Stadt)

Die alte byzantinische Kirche St. Jason und St. Sosipater

🕀 181 D1 ✉ Odos Iasonas kai Sosipatros
🕐 tägl. meist 9–14 Uhr; sonst im Haus nebenan um den Schlüssel bitten 🍴 Cafés in der Nähe 🚌 blauer Bus 2 ab Korfu-Stadt Richtung Kanoni 🎫 frei ❓ Fotografieren erlaubt

🔟 Palaiopolis

Palaiopolis (Paleopolis) bedeutet »alte Stadt«, und hier auf der Halbinsel Kanoni hat man auch tatsächlich die ältesten Relikte gefunden. Im und rund um das Gelände von Mon Repos (► 62f) finden sich mehrere Sehenswürdigkeiten, die bedeutendste ist die frühchristliche Basilika direkt gegenüber vom Haupteingang von Mon Repos. Das Gotteshaus ist laut Legende mit dem Heiligen Agia Kerkyra verbunden, der Korfu seinen griechischen Namen verliehen hat: Kerkyra. Die wichtigsten Mauern sind noch erhalten; sie datieren zum Teil aus dem 5. Jh., wurden im Lauf der Zeit allerdings mehrfach abgerissen und wieder aufgebaut. Die Kirche steht an der Stelle, wo sich im 1. Jh. v. Chr. einst ein römisches Gebäude befand.

🕀 181 bei E1 🍴 einige Cafés und Tavernen in Anemomilos
🕐 Di–So 8.30–15 Uhr 🎫 frei
🚌 blauer Bus 2 ab Korfu-Stadt in Richtung Kanoni

Wohin zum...
Übernachten?

Preise
Für ein Doppelzimmer pro Nacht in der Hochsaison gelten folgende Preise:
€ unter 80 Euro €€ 80–130 Euro €€€ über 130 Euro

Arcadion €€
Eine geschwungene Rezeption aus poliertem Holz begrüßt die Gäste. Das freundliche Hotel ist eine Mischung aus klassischem Ambiente und modernem Komfort. Der Eingang liegt in der Vlasopoulou, das Gebäude geht jedoch auf die Kapodistriou hinaus, dem südlichsten Ende von Liston und Esplanade und hat damit eine perfekte Lage. Es lohnt sich, nach einem Zimmer mit Balkon nach vorne hinaus zu bitten, doch auch die seitlichen Zimmer mit Blick über die Altstadt haben durchaus ihren Reiz.
✚ 181 D4
✉ Vlasopoulou 2 ☎ 26610-30104; www.arcadionhotel.com

Astron €–€€
Dieses elegant umgebaute alte Herrenhaus ist bei Weitem das beste Angebot in der stimmungsvollen Umgebung um den alten Hafen. Die Einrichtungen werden bei mäßigen Preisen immer weiter ausgebaut. Die Zimmer sind kompakt und gemütlich, die hinteren Zimmer sind günstiger als die mit Meerblick.
✚ 180 C5 ✉ Donzelot 15
☎ 26610-39505

Atlantis €€
Das Hotel liegt für Schiffsgäste günstig am Alten Hafen und gleichzeitig am Rande der Altstadt. Die meisten der insgesamt 61 Zimmer und drei Suiten mit Bad haben Balkon und Meerblick, Klimaanlage, TV und Direktwahltelefon. Preiswert, sauber und freundlich!
✚ 180 B5
✉ Xenofondos Stratigou 48
☎ 26610-35560;
www.atlantis-hotel-corfu.com

Bella Venezia €€
Das schicke, komplett renovierte Hotel befindet sich in einem neoklassizistischen Anwesen und hat viel Flair. Die meisten Zimmer sind groß und haben hohe Decken. Das Frühstück wird in einer Pergola im Garten serviert. Vom Hotel ist es nur ein kurzer Spaziergang zum Rathausplatz und der Spianada (Esplanade).
✚ 181 D4
✉ Zambeli 4
☎ 26610-46500;
www.bellaveneziahotel.com

Bretagne €
Eine preiswerte, aber sehr komfortable Alternative für Gäste, die einen sehr späten oder sehr frühen Flug haben: Der Flughafen ist ganz in der Nähe und lässt sich zu Fuß erreichen. Durch den Lärm ist es allerdings nur etwas für lärmunempfindliche Leute. Das Haus ist modern und freundlich und hat eine Bar und ein gutes Restaurant.
✚ 180 C2
✉ Georgaki 27, Garitsa
☎ 26610-30724;
www.corfuhotelbretagne.com

Cavalieri €€€
Jeder in Korfu-Stadt kennt das Cavalieri mit seiner Dachterrassen-Bar. Das feudale Anwesen aus dem 17. Jh. bietet 50 Zimmer. Einige sind zwar recht klein, aber Flair und Stil haben sie alle – und Balkone außerdem! Von den vorderen Zimmern hat man einen schönen Blick auf die Neue Festung und das Meer.
✚ 181 D4
✉ Kapodistriou 4

72 Kerkyra (Korfu-Stadt)

☎ 26610-39041;
www.cavalieri-hotel.com

Corfu Holiday Palace €€€

Das ehemalige Hilton ist ein riesiger Komplex mit 250 Zimmern, Suiten und Bungalows, dazu Konferenzräumen und dem einzigen Spielkasino auf Korfu. Außerdem gibt es einen Innen- und einen Außenpool, zwei Restaurants und Snackbars. Es steht auf der Halbinsel Kanoni mit Blick auf die Mäuseinsel und bietet somit die schönste Sicht auf Korfu.

✚ 181 bei E1
✉ Nafsikas, Kanoni
☎ 26610-36540;
www.corfuholidaypalace.gr

Corfu Palace €€€

Das 5-Sterne-Luxushotel mit Blick auf die Garitsa-Bucht zählt zu den edelsten von Korfu-Stadt. Hier nächtigen Politiker und andere Honoratioren. Die Nobelherberge hat ein Schönheits- und Fitnesscenter, zwei Salzwasser-Pools (ein beheizter im Innenbereich, der andere außen im tropischen Garten), zwei Restaurants und weitläufige Gartenanlagen. Die 90 Zimmer und 12 Suiten haben alle Meerblick. Die Altstadt und das Archäologische Museum liegen in der Nähe.

✚ 181 D3 ✉ Leoforos Dimokratias 2
☎ 26610-39485

Hermes €

Wer eine billige, nette Bleibe sucht, sollte im Hermes übernachten – es liegt nur einen Steinwurf vom San-Rocco-Platz entfernt. Nachts kann es allerdings ein bisschen laut werden. Die 33 kleinen Zimmer haben alle ein eigenes Bad oder Dusche, außerdem einen Deckenventilator, Kühlschrank und TV – ideal für eine Nacht oder zwei. Eine Bar gehört zum Hotel dazu.

✚ 180 C4
✉ G. Markora 14
☎ 26610-39268/39321

Konstantinoupolis €€

Das renovierte, einfache Hotel wurde 1862 erbaut und verströmt mit seinen Marmorstufen, den Holzwendeltreppen und seinem antiquiertem Lift eine altmodische Eleganz. Das Hotel liegt günstig zum Alten Hafen und zur Altstadt. Einige der 31 mit Klimaanlage versehenen Zimmer sind recht klein, aber trotzdem hübsch mit leuchtend blau gefliesten Bädern. Das Frühstückszimmer ist hell und freundlich, und es wird ein 24-Stunden-Roomservice angeboten. Für die Gäste gibt es Internet-Zugang.

✚ 180 C5
✉ Zavitsianou 11
☎ 26610-48716;
www.konstantinoupolis.com.gr

Palace Mon Repos €€€

Die attraktive Hotelanlage liegt im Süden der Garitsa-Bucht; in zehn Minuten ist man zu Fuß in der Stadt. Die 114 Zimmer haben alle ein Marmorbad, TV, Klimaanlage, Telefon, Kühlschrank und Balkon (einige mit schönem Blick auf die Alte Festung). Das moderne Hotel ist zum Teil mit Antiquitäten aus dem Achilleion-Palast möbliert. Zur großen Anlage gehören ein Pool, ein Café, ein Restaurant, eine Sonnenterrasse mit Durchgang zum Mon-Repos-Strand und verschiedene Wassersportmöglichkeiten.

✚ 181 E1
✉ Anemomilos
☎ 26610-32783;
www.hotels-corfu.org

Royal €

Dieses große Hotel der C-Klasse übertrifft das nahegelegene Corfu Divani Palace sowohl bei der Leistung als auch bei der Lage. Es liegt direkt am Rand der Halbinsel Kanoni und bietet einen hervorragenden Blick über Meer und Berge. Alle schön eingerichteten, modernen Zimmer haben Klimaanlage und Balkon. Zur Ausstattung gehört ein Salzwasser-Swimmingpool und ein Kinderbecken.

✚ 181 bei E1
✉ Palaiopolis 110
☎ 26610-37512;
www.hotelroyal.gr

# Wohin zum …

Wohin zum...
Essen und Trinken?

Preise
Die Preise gelten pro Person für ein Drei-Gänge-Menü ohne Getränke und Trinkgeld:
€ unter 15 Euro €€ 15–25 Euro €€€ über 25 Euro

Aegli €€
Das Lokal existiert seit 1812 und zählt zu den renommiertesten Restaurants in der Innenstadt. Neben dem Rex (►74) ist es das zweite Lokal, in das die Einheimischen gehen, wenn sie gut und dennoch günstig essen wollen. Tische gibt es auf beiden Seiten des Listón; man kann also auf die Esplanade schauen oder die Leute auf der Kapodistriou beobachten. Die traditionellen Gerichte sind hervorragend, zum Beispiel Hähnchen-*pastitsada* und Hummer mit Spagetti.
🏠 181 D4 ✉ Kapodistriou 23 ☎ 26610-31949 ⏰ tägl. ganztägig

Bougainvillea €€
Die Terrasse mit Blick auf den Rathausplatz ist von farbenprächtigen Bougainvilleen umgeben und ideal, um in deren Schatten hervorragend zu Mittag zu essen. Beim romantischen Abendessen werden Kerzen entzündet, und der Brunnen plätschert. Auf der großen Speisekarte finden sich griechische Spezialitäten wie gefüllter Lammbraten, aber auch korfiotische Speisen. Dazu wird ein besonderes Tagesgericht serviert.
🏠 181 D4 ✉ Platia Dimarcheio ☎ 26610-41607 ⏰ tägl. Mittag- und Abendessen

La Cucina €€
Die Einheimischen geraten ob der hausgemachten Pasta und der Fischgerichte ins Schwärmen über dieses Restaurant, das klassische italienische Küche bietet. Bei Vorspeise wie Sardellen in Öl mit Petersilie, Sellerie und Parmesan tut einem das Wasser im Mund zusammen; die Pizzen sind lecker und groß. Ein paar Tische stehen im Freien, es wird aber schnell voll.
🏠 181 D4 ✉ Guilford 15–17 ☎ 26610-45029 ⏰ Feb.–Nov. tägl. 19–24 Uhr

Dimarcheio €€€
Das neben den Brunnen am Rathausplatz liegende Restaurant hat eine herrliche Kulisse. Es ist von Büschen eingefasst und hat einen kleinen Rosengarten. Mittags schutzen gewaltige Schirme vor der Sonne, abends werden Kerzen angezündet. Das Essen ist vorzüglich, aber teuer; die Weinkarte beeindruckt mit edlen Tropfen aus ganz Griechenland. Der mit Feta gefüllten Lammbraten vom Spieß und der phantastische griechische Salat beweisen, dass nur die besten Zutaten verwendet werden.
🏠 181 D4 ✉ Platia Dimarcheio ☎ 26610-39031 ⏰ tägl. 12–24 Uhr

Dionisos €
Das *Dionisos* ist ein typisches preiswertes, nettes griechisches Lokal. Ein paar Tische stehen in einer ruhigen Seitenstraße, der Wirt führt die Gäste gern in die Küche, damit sie die Tagesgerichte in Augenschein nehmen können – alles einfache, leckere Speisen, die liebevoll zubereitet sind.
🏠 180 C5 ✉ Dona 17 ☎ 26610-24072 ⏰ tägl. 12–23 oder 24 Uhr

Khrysi (O Ninos) €
Eine der preiswertesten und besten Alternativen der ganzen Stadt für Leute, die einfaches, leckeres Essen in lebhaftem griechischem Ambiente schätzen. Ein paar Tische stehen draußen in der schmalen Altstadtgasse, das eigentliche Geschehen spielt sich aber drinnen ab. Der Hauswein kommt aus dem Fass, und der Fernseher dröhnt. Den Einheimischen schmeckt das *gyros* und die *souvlaki*, die man auch mitnehmen kann.

Kerkyra (Korfu-Stadt)

+ 180 C5 **⌖** Sevastianou 44–46
☏ Keine Reservierung möglich
⌚ tägl. 12 Uhr bis spätabends

Khryssomallis €€

Das Lokal heißt auch *Babis* und liegt im Herzen der Altstadt. Wer früh kommt, erwischt einen Tisch in der Seitenstraße (Fußgängerzone), die meisten Tische stehen aber drinnen. Die leckeren Eintöpfe, die auf traditionelle Art lange vor sich hinkochen und dadurch besonders gut schmecken, werden hier noch auf alten Herden gekocht.

+ 181 D4 **⌖** Nikoforou Theotokou 6
☏ 26610-30342
⌚ tägl. 12.–23.30 Uhr

Mouragia €–€€

Besonders am Wochenende, wenn die Einheimischen kommen, wird es in der kleinen *ouzeri* knallvoll; draußen gibt es nur wenige Tische. Auf der Speisekarte stehen viele korfiotische Spezialitäten wie *sofrito*. Viele entscheiden sich aber für die *mezes*, Vorspeisen wie *skordalia*, gefüllte Kartoffeln, gefüllte Tinten-fische oder andere traumhafte Meeresfrüchtegerichte.

+ 181 D5 **⌖** Arseniou 15 **☏** 26610-33815
⌚ tägl. 12–24.30 Uhr

Plati Kantouni €–€€

Dieses Restaurant im *ouzeri*-Stil ist ein beliebter Treffpunkt der jungen Einheimischen. Angeboten werden unter anderem eine Vielzahl günstiger kleiner *Mezédes* wie Tintenfisch, Bohnensalat, würziges Schweinefleisch und Würstchen. Als Hauswein können Sie den feurigen *tripouro* probieren.

+ 181 D1 **⌖** Guilford 16
☏ 26610-32330
⌚ tägl. 20–nach Mitternacht

Rex €€–€€€

Das Rex wurde 1932 eröffnet und hat einen hervorragenden Service. Die Einheimischen kommen, wenn sie Lust auf etwas Besonderes haben – Hummerspagetti oder Huhn in Kumquatsoße zum Beispiel. Wer draußen isst, kann die Leute auf der Kapodistriou beobachten; innen geht es förmlicher zu.

+ 181 D4 **⌖** Kapodistriou 66
☏ 26610-39649
⌚ tägl. Mittag- und Abendessen

Theotokis Brothers €–€€

Bei Weitem die günstigste Fischtaverne in Garitsa. Serviert wird eine breite Palette lecker gegrillten Fischs für jeden Geldbeutel sowie Fleischgerichte, Gemüse und leckere Soßen.

+ 180 C1 **⌖** Athanasiou 4 **☏** 26610-48161
⌚ tägl. Mittag–Mitternacht

To Paradosiakon €

Ein sehr freundliches Traditionsrestaurant einige Häuserblocks hinter dem alten Hafen. Viele Spezialitäten wie *kounélli stifádo* (Kaninchentopf), Kalbfleisch in Tomatensoße und gebratenes Hähnchen werden zu gutem Fasswein serviert.

+ 180 C5 **⌖** Solomou 20
☏ 26610-37578 **⌚** tägl. 12–23 Uhr

Venetsianiko Pigadi €€€

Einige halten den »Venezianischen Brunnen« für das beste Restaurant der Stadt, andere finden ihn überteuert. Das Ambiente ist jedenfalls romantisch und die Küche innovativ. Die Speisekarte bietet neben klassischen Speisen aus Korfu Gerichte wie Wildschwein mit drei Sorten Paprika und Walnüssen.

+ 181 D5 **⌖** Plateia Kremasti
☏ 26610-44761
⌚ Mo–Sa Mittag- und Abendessen

Vido €–€€

Einer der landschaftlich schönsten Plätze für ein Abendessen ist dieses von der Gemeinde geführte Restaurant auf der winzigen Insel Vidos. Genießen Sie tolle Blicke über die abendliche Stadt und das beleuchtete Fort. Auf der Speisekarte stehen die üblichen Grillgerichte und Salate, aber es gibt öfters Live-Musik und die Atmosphäre ist einzigartig. Vom Alten Hafen gibt es einen Shuttle-Service, der Sie zum Restaurant und zurück übersetzt.

+ 183 E2 **⌖** Insel Vidos
☏ 26610 3271 1
⌚ tägl. 19–1 Uhr von April–Okt.

Wohin zum... Einkaufen?

Korfu-Stadt ist das wichtigste Einkaufszentrum der Insel und im Vergleich zu anderen griechischen Inselhauptstädten recht schick. Man findet hier alle gängigen Läden, darunter auch internationale Markennamen wie Lacoste oder den Body Shop und natürlich jede Menge griechisches Kunsthandwerk wie Ikonen und Artikel aus Olivenholz. Da die Stadt nicht groß ist, lassen sich die Läden an einem Tag erkunden. Das Herz des Einkaufszentrums liegt in den Straßen nördlich des Rathausplatzes und westlich vom Listón.

Die Kapodistriou zieht sich an der Westseite der Esplanade entlang. Bevor man sich in das Gassengewirr dahinter stürzt, lohnt ein Blick in die noblen Juwelier- und Antiquitätengeschäfte.

Am nördlichen Ende der Kapodistriou liegt das **Palia Kerkyra** (Nr. 2; Tel. 26610-37548), ein Antiquitätenladen, in dem Möbel und Kunstobjekte verkauft werden. Gleich in der Nähe folgt das **Ex Oriente Lux** (Nr. 8; Tel. 26610-45259) mit Teppichen, Glas, Schmuck und Kerzen aus Griechenland, dem Nahen Osten und Asien. Die Filiale in Haus Nr. 35 gehört zur Ladenkette von **Ilias Lalaounis** (Nr. 35, Tel. 26610-36528). Die Arbeiten des talentierten griechischen Juweliers sind sehr elegant und greifen recht häufig alte griechische Motive auf.

Hinter dem Listón verläuft die Hauptstraße, die N Theotoki, gen Westen. Achtung – es gibt in Korfu-Stadt mehrere Straßen dieses Namens, die sich nur durch die Initialen unterscheiden. In der N Theotoki liegen mehrere edle Juweliere, allen voran **Kaitsas** (Nr. 28; Tel. 26610-23830) mit Nobeluhren in schickem Design.

Das **Embryo** (Nr. 92; Tel. 26610-24844) hat mehr Unikate. Einen Blick lohnt auch das **Cava Kosta Thymi** (Nr. 74; Tel. 26610-44070), ein hervorragendes Weingeschäft mit Qualitätsweinen aus Griechenland, Kumquatlikör und anderen Spezialitäten.

Von der Kirche St. Spyridon in Richtung Listón verläuft die Spyridonos. Im Haus Nummer 12 liegt der Laden **To Paradosiakon** (Tel. 26610-38277); hier findet man schöne Mitbringsel, vor allem Lebensmittel und originelle alkoholische Getränke wie Kumquatlikör, aber auch Seife, die aus korfiotischem Olivenöl hergestellt wird.

Der Buchladen **Lykoudis** auf der Platia Georgaki bietet eine gute Auswahl von englischen Büchern über die Insel und den Rest Griechenlands sowie Belletristik und einige Zeitschriften an. Belletristik, Zeitschriften und Zeitungen sind außerdem an einigen anderen Kiosken der Stadt erhältlich.

Einige wirklich interessante Läden finden sich an den Plätzen der Stadt, darunter **Anti-Kairoi** (Tel. 26610-43090) an der Plateia Dimokratias 13: Der Wohlfahrtsladen verkauft Antiquitäten, Kunsthandwerk und Teppiche.

Das **Theofanis Sp. Lykissas** (Tel. 26610-47397) an der Plateia Iroon Kypriakou Agonos 18 (St.-Spyridon-Platz) verkauft Kopien von Ikonen, aber auch Kerzen und andere Votivgaben.

Wer eine moderne Ikone kaufen möchte, geht ins **Ergastirion Technis** (Tel. 26610-47575), wo der Künstler und Chef mit traditionellen Techniken zeitgenössische Ikonen schafft.

Kerkyra (Korfu-Stadt)

Wohin zum... Ausgehen?

Korfu-Stadt hat alles zu bieten – von schicken Bars und Cafés bis hin zu fetzigen Diskos, Kinos, Theater und Musikveranstaltungen mit Volkstanz. Über das aktuelle Veranstaltungsprogramm informieren *The Corfiot*, *Liston*, *Image* oder *Exit*.

KUNST UND KULTUR

Das ganze Jahr über finden Kulturveranstaltungen statt. Am bekanntesten ist wohl das **Ionische Musikfestival**; den genauen Zeitpunkt weiß das Rathaus (Tel. 26610-31697). Viele Veranstaltungen finden im Theater in der Neuen Festung statt.

Konzerte der diversen korfiotischen Musikgesellschaften und anderer Musikgruppen finden ganzjährig statt, einige im **Musikpavillon** an der Esplanade, andere im **Städtischen Theater** (Tel. 26610-37520).

LOKALE

Eines der besten Lokale der Stadt ist das **Cavalieri Roof Garden** im Hotel Cavalieri in der Kapodistriou 4 (Tel. 26610-39336); der Blick über die Stadt ist super. Auf dem Gelände des Gouverneurspalastes befindet sich das **Art Café** (Tel. 26610-49366) mit ebenfalls schöner Aussicht. Die zahlreichen Cafés am Listón sind ein schöner Ort für einen Drink am frühen Abend, bevor man sich dann in die Szene stürzt.

INTERNETCAFÉS

Preiswert und zentral ist das **Kalohairetou 12–14** (Tel. 26610-28637) hinter der Alpha Bank in der Kapadistriou.

NACHTCLUBS

Korfu-Stadt hat einige der besten Angebote auf der ganzen Insel. Viele Lokale liegen in der **Ethnikis Antistasseos**, der Küstenstraße, die vom Neuen Hafen Richtung Norden zu den Ferienorten verläuft und vor allem bei den Einheimischen auch als **Disko Strip** bekannt ist. Die Szenenkneipen wechseln natürlich, aber die Auswahl ist immer groß.

So mancher beginnt den Abend in einem Lokal im Zentrum von Korfu, um sich dann zum Disko Strip vorzuarbeiten, wo bis zum Morgengrauen die Post abgeht. Man zieht einfach von einem Club zum nächsten. Bei den meisten wird eine Eintrittsgebühr fällig, ein Drink ist inbegriffen. Einige Clubs haben bloß im Sommer geöffnet.

Das **Hippodrome** (Tel. 26610-43150) ist eines der großen Namen der Insel, die Leute verteilen sich auf mehreren Ebenen drinnen und draußen, auch einen Pool zum Abkühlen gibt es. Tagsüber kommen die Gäste und trinken oder essen einen Happen.

Das **Sodoma** (Tel. 26610-37227) ist ebenfalls eine Topadresse mit Liveauftritten und DJs; den Einheimischen gefällt besonders die Mischung aus internationalem Club und authentisch griechischer Feierlaune.

Weitere lohnende Clubs sind das **Au Bar**, **Privilege**, **Elxis** und **Cristal**.

TRADITIONELLE MUSIK

In den Sommermonaten finden meistens am Dienstag um 20 Uhr kostenlose Vorstellungen korfiotischer Musik und Tänze auf dem **Rathausplatz** statt.

Der Norden

Erste Orientierung 78

In drei Tagen 80

Nicht verpassen! 82

Nach Lust und Laune! 90

Wohin zum ... 97

Der Norden

Erste Orientierung

Der Norden der Insel Korfu hat viele Facetten. Es gibt am Meer große, laute Ferienorte, aber auch kleine beschauliche Nester. Neugierige zieht es in die Bergdörfer, außerdem lockt ein kleines, aber wichtiges Feuchtgebiet vor der Kulisse von Korfus höchstem Berg, dem Pantokrator.

Viele Leute fahren nach Korfu, um untertags am Strand zu liegen und sich abends ins Nachtleben zu stürzen. Es gibt im Norden ja auch wirklich viel Sehenswertes – angefangen mit den lebhaften Orten an der Gouvia-Bucht bis hin zu den kleinen Dörfern im Nordosten wie Agni, Kouloura, Agios Stefanos und dem schönsten, Kalami. Selbst so zugebaute Orte wie Kassiopi und Sidari haben sich noch etwas von ihrem griechischen Charme bewahren können; für Familien eignet sich besonders Acharavi. Die Region bietet auch viele Outdoor-Aktivitäten – einen Spaziergang um die Andinioti-Lagune mit ihren zahlreichen Vögeln und Wassertieren oder Wanderungen auf Bergpfaden und die Besichtigung von Bergdörfern. Etwas Besonderes bietet der Pantokrator: einen Blick aus der Vogelperspektive auf die Insel.

Seite 77:
Der Hafen von Kouloura

Unten: Blick vom Pantokrator Richtung Albanien

★ Nicht verpassen!
1. Pantokrator (Pandokratoras) ➤ 82
2. Kalami ➤ 85
3. Kassiopi ➤ 86
4. Sidari ➤ 88

Nach Lust und Laune!
5. Kontokali (Kandokali) ➤ 90
6. Gouvia ➤ 90
7. Dasia ➤ 90
8. Ypsos (Ipsos) ➤ 91
9. Pyrgi (Pirgi) ➤ 93
10. Barbati ➤ 93
11. Nisaki ➤ 93
12. Agni ➤ 93
13. Kouloura ➤ 94
14. Agios Stefanos ➤ 94
15. Andinioti-Lagune ➤ 94
16. Acharavi (Aharavi) ➤ 94
17. Roda ➤ 96
18. Astrakeri ➤ 96
19. Karousades ➤ 96
20. Ano Perithia ➤ 96

Erste Orientierung 79

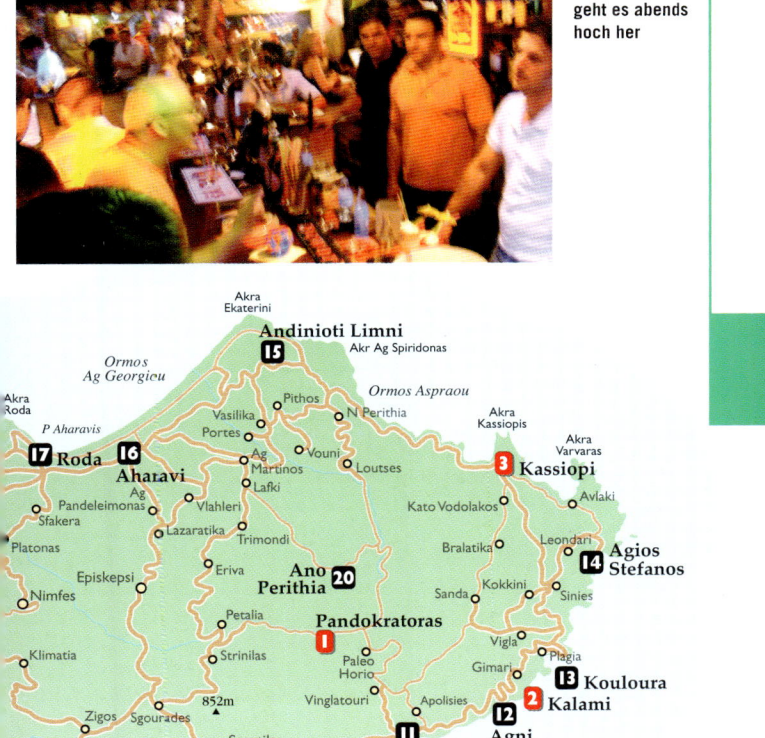

In Kassiopi geht es abends hoch her

Detailansicht der Decke von St. Nikolaos in Sidari

Der Norden

In drei Tagen

Wenn Sie sich nicht sicher sind, wo Sie Ihre Reise beginnen möchten, empfiehlt diese Route eine schöne und praktische Dreitagestour durch Nordkorfu mit den wichtigsten Sehenswürdigkeiten. Sie können dazu die Karte auf der vorangegangenen Seite verwenden. Weitere Informationen finden Sie unter den Haupteinträgen.

Erster Tag

Vormittags
Im Norden von Korfu-Stadt liegen die beiden Ferienorte ⑤ **Kontokali** (➤ 90) und ⑥ **Gouvia** (➤ 90); sie wachsen allmählich zusammen. Es lohnt sich, anzuhalten, um den Yachthafen, die Gassen und den venezianischen Hafen zu besichtigen. Von ⑦ **Dasia** (➤ 90) führt die Straße landeinwärts zum Dorf Kato Korakiana mit einer Zweigstelle der Nationalgalerie (➤ 91).

Nachmittags/Abends
Nun geht es zur Küstenstraße zurück und weiter gen Norden durch ⑧ **Ypsos** (➤ 91f) und ⑨ **Pyrgi** (➤ 93); hier fahren Sie landeinwärts zum ⑩ **Pantokrator** (rechts; ➤ 82ff). Vom Gipfel kehren Sie zur Küste zurück, ⑪ **Nisaki** (➤ 93) mit seinen vielen Hotels und Lokalen bietet sich für eine Übernachtung an. Das Restaurant *Nisaki Grill* (➤ 100) ist eine gute Wahl für das Abendessen.

Zweiter Tag

Vormittags
Von Nisaki ist es nicht weit bis Karminaki im Norden, dem Ausgangspunkt der Wanderung nach ② **Kalami** (links; ➤ 85); der Weg führt an mehreren hübschen Buchten entlang. Wieder am Auto fahren Sie nach ⑭ **Agios Stefanos** (➤ 94), wo im *Eucalyptus* (➤ 99) das Mittagessen wartet.

In drei Tagen

Nachmittags/Abends
Nachdem Sie sich ❸ **Kassiopi** (➤ 86f) in aller Ruhe angeschaut haben, geht es zur ⓯ **Andinioti-Lagune** (oben; ➤ 94) und weiter nach ⓰ **Acharavi** (➤ 94). Hier locken viele gute Lokale, darunter das *Pump House* und das *Neraida* (➤ 99)

Dritter Tag

Vormittags
Von Acharavi nehmen Sie ein kurzes Stück die Küstenstraße zurück zum Abzweig Alt-Peritheia. Dann geht es auf der Küstenstraße weiter nach ⓱ **Roda** (➤ 96). Von hier können Sie landeinwärts das Dorf Nymfes ansteuern, wo die Agrargenossenschaft (➤ 101) viele Kumquatprodukte verkauft. Von dort fahren Sie auf der anderen Straße zurück, die bei ⓳ **Karousades** (➤ 96) wieder die Küste erreicht. In ⓲ **Astrakeri** (➤ 96) gibt es dann ein spätes Mittagessen.

Nachmittags/Abends
Den restlichen Nachmittag verbringen Sie in ❹ **Sidari** (links; ➤ 88f), wo die Sonne am Spätnachmittag die Felsen färbt. Der Ort hat viele Quartiere und Lokale. Wem es im Zentrum zu laut ist, sucht sich am Stadtrand eine Bleibe.

Pantokrator

Der Berg ist die höchste Erhebung der Insel, und so lässt es sich leicht nachvollziehen, weshalb hier im 14. Jh. ein Kloster errichtet wurde, das nach Christus dem Weltenherrscher benannt wurde. Mit seinen 906 m überragt der Pantokrator den zweitgrößten Gipfel Agii Deka (➤ 137) um 270 m. Das wuchtige Bergmassiv dominiert den Nordosten der Insel und zwingt die Hauptstraße an die Küste hinunter, wo die niedrigen Hänge zum Meer hin abfallen.

Früher musste man den Gipfel zu Fuß besteigen, doch inzwischen führt von Petalia eine gute Straße hinauf. Die Fahrt (➤ 163ff) ist wunderschön, aber manche suchen doch die Herausforderung zu Fuß und freuen sich am Gipfel über ihre bergsteigerische Leistung.

Der Berg und seine Umgebung sind das ganze Jahr über ein reizvolles Ziel, am schönsten aber präsentiert sich das Bergland im April und Mai, wenn alles blüht. Der Pantokrator wird dann zu einem Paradies für Botaniker – man muss nicht lange suchen, um Orchideen aller Art zu bestaunen – Braune und Gelbe Orchideen, Ohnhorn, Affenknabenkraut sowie Tigerorchideen. Aber auch die Anemonen, Krokusse, Narzissen, Gladiolen und Ringelblumen sind bezaubernd.

Pantokrator

Der Pantokrator hieß bei den Venezianern Monte San Salvatore

Oft trifft man auf Vogelliebhaber mit gezücktem Fernglas, die den Himmel nach Goldadlern oder Schmutzgeiern absuchen. Wanderfalken und andere Falkenarten lassen sich auch blicken, außerdem Hühnerhabichte, Bussarde und Turmfalken.

Das Kloster

Die Radio-, TV- und Mobilfunkmasten, die 1971 oben auf dem Berg aufgestellt wurden, sind nicht gerade malerisch und verunstalten den Blick auf das Kloster. Bevor man die Klosteranlage von innen besichtigt, sollte man sich Zeit für das Panorama nehmen: Im Osten liegen die albanischen Berge; sie gehen südwärts in das nordgriechische Bergland über. In Richtung Nordwesten lässt sich an klaren Tagen die Küste Italiens ausmachen. Im Süden reicht der Blick bis Paros und

Kleines Bild: Mit dem Jeep geht es zum höchsten Punkt der Insel hinauf

Der Norden

manchmal sogar bis Lefkas, das dahinter liegt. Das Kloster ist sehr klein, aber ein Kleinod. Das Gründungsjahr ist nicht bekannt, vermutlich liegt das Datum Anfang des 14. Jhs. Dokumente aus der Zeit um 1340 belegen, dass für den Bau einer Kirche an genau dieser Stelle Geld gesammelt wurde; zu dem Zeitpunkt waren bereits einige Gebäude vorhanden. Innen sind die Wände mit sehr alten Fresken bedeckt. Im Kloster leben zwei Mönche, die das Anwesen instand halten und sich natürlich über jede Spende freuen.

KLEINE PAUSE
Im **kleinen Café** (€) auf dem Gipfel gibt es Getränke, Snacks und leichte Mahlzeiten.

🞥 183 E4
🕘 Kloster: normalerweise geöffnet
🍴 Café auf dem Gipfel 🚫 kein Bus
❓ Fotografieren im Kloster verboten

Das heutige Kloster stammt aus dem 19. Jh.

PANTOKRATOR: INSIDER-INFO

Top-Tipps: Es gibt ein paar Parkplätze auf dem Gipfel und am Straßenrand beim Kloster. Je weiter man den Berg hinauffährt, desto **komplizierter werden die Wendemanöver**, da es am Straßenrand steil nach unten geht. Leute mit wenig Nerven sollten deshalb weiter unten an der Wendeschleife parken.
• Es empfiehlt sich, einen **Pulli** mitzunehmen, denn selbst an warmen Tagen weht oben ein kühler Wind.

Geheimtipp: Über eine Treppe hinter dem Kloster kommt man zu einer Art **Balkon**, von dem aus der Kirchenraum besonders schön wirkt. Außerdem lassen sich die Fresken so aus größerer Nähe betrachten.

2 Kalami

Kalami ist Korfus Juwel. Außerhalb der Hochsaison erlebt man hier noch die Schönheit und den Frieden, die Lawrence Durrell während seines Aufenthaltes in den 1930er-Jahren inspirierten.

Das Dorf liegt an der Nordostküste an einer beschaulichen Bucht, der Pantokrator bildet im Hintergrund eine eindrucksvolle Kulisse.

Ein besonderer Anziehungspunkt ist das White House des Schriftstellers Lawrence Durrell und seiner Frau Nancy, es liegt am südlichen Ende der Bucht. Dort kann man übrigens gut essen und übernachten. Das unverdorbene Fleckchen Erde lohnt auch sonst einen Besuch, allerdings nur außerhalb der Hochsaison. Besonders schön ist es hier im Frühling, wenn die Wildblumen blühen. Villen und Tavernen wechseln sich rund um die Bucht mit Orangen- und Zitronenhainen, Olivenbäumen und Zypressen ab. Im Sommer geht es am Hafen hoch her, wenn die Tagesausflügler eintreffen. Das übliche Angebot an Wassersport ist vorhanden, Boote können gemietet werden, das Meer lädt zum Baden ein.

KLEINE PAUSE

Wer nur Zeit für einen Restaurantbesuch hat oder auch bloß einen Kaffee trinken möchte, muss unbedingt ins **White House** (➤ 100) gehen.

Der Strand von Kalami ist besonders bei Familien beliebt

🗺 183 F4
🍴 Tavernen (€€)
🚌 grüner Bus ab Korfu-Stadt

KALAMI: INSIDER-INFO

Ein Muss! Zu einem Besuch in Kalami gehört unbedingt ein kleiner **Spaziergang am Meer entlang** (➤ 162ff) dazu, um die Schönheit dieses Küstenabschnittes auf sich wirken zu lassen.

Geheimtipp: Die **Plakette am White House** ist leicht zu übersehen. Sie befindet sich auf der Landseite des Gebäudes und erinnert an Durrells Aufenthalt hier.

Der Norden

❸ Kassiopi

Auf den ersten Blick hat es den Anschein, als sei das gesamte ehemalige Fischerdorf modernen Baufirmen in die Hände gefallen. Doch wer genauer hinschaut, entdeckt eine reiche Geschichte, einen herrlichen Hafen und eine faszinierende alte Kirche.

Die Gäste kommen aus ganz Europa, in der Mehrzahl sind es aber Briten. Die Kneipen und Lokale an der Hauptstraße bieten Essen, Filme, Karaokelokale und englisches Frühstück. Doch es sind auch noch alte Frauen zu sehen, die sich in der Hauptkirche bekreuzigen, und alte Männer, die sich am Hauptplatz in einem altmodischen *kafenio* die Zeit vertreiben.

Dass Kassiopi beliebt ist, verwundert nicht, denn es liegt in schöner Umgebung zwischen zwei niedrigen grünen Landzungen. Zum Landesinneren hin erkennt man die Hänge des Pantokrátor, und Albanien jenseits des Meeres liegt scheinbar zum Greifen nah. Im großen Hafen dümpeln noch immer die Fischerboote – der Fischfang hat bis heute Tradition.

Die Altstadt

In der Stadtmitte kurz vor dem Hafen ragt rechts die Kirche Panagia Kassiopitra auf. Eine schöne schattige Laube und eine von Blumentöpfen gesäumte Steintreppe führen zum Eingang hinauf – vorbei an einem mit einer Mauer eingefassten Garten. Die Steinarkaden der Kirche bilden einen kleinen Hof mit einem Holzdach, in dem im Frühling die Schwalben nisten. In der Mauer wurden kleine Nischen für Kerzen geschlagen, darüber hängen religiöse Gemälde.

Am 15. August feiert die Kirche Mariä Himmelfahrt – der Tag ist ein Nationalfeiertag in ganz Griechenland. Eines der größten Feste des Landes zu Ehren Mariens findet in Kassiopi statt: Wer zu dieser Zeit im Ort ist, hat Glück.

Rechts: Kassiopi ist noch immer ein Fischerhafen

Rechts: Die Ruinen der byzantinischen Festung oberhalb von Kassiopi

An der Hauptstraße ziehen sich Cafés, Kneipen und Clubs entlang

Kassiopi 87

Gegenüber der Kirche führt ein Weg zur Ruine einer angevinischen Festung. Sie wurde im 13. Jh. errichtet, später von den Normannen eingenommen und schließlich von den Venezianern zerstört.

KLEINE PAUSE

Porto (➤ 100) ist ein beliebtes Restaurant am Hafen. Wenn es dort zu voll ist, bietet auch das angrenzende **Three Brothers** gesunde griechische Küche mit Blick auf die Burg.

🞤 183 E5
🍴 zahlreiche Cafés, Kneipen und Lokale aller Art
🚌 grüner Bus ab Korfu-Stadt

KASSIOPI: INSIDER-INFO

Top-Tipp: In den schmalen Einbahnstraßen herrscht oft viel **Verkehr**, es empfiehlt sich also, an der breiten Küstenstraße (beim Abzweig nach Kassiopi) zu parken.

Geheimtipp: Die **Ruinen der angevinischen Festung** westlich vom Hafen haben viel Flair, wenn in der Dämmerung die Eulen rufen.

Der Norden

4 Sidari

Sidari ist ein unglaublich beliebter Ferienort. Gäste aller Altersstufen bevölkern die schönen Strände und stürzen sich ins Nachtleben. Dennoch ist der Ort ein griechisches Dorf geblieben. Davon zeugt beispielsweise das *kafenio* neben der Disko Cesar's Palace, dem einstigen Handelsposten der Diapondia-Inseln (▶ 108ff).

Die Hauptstraße wird von modernen Geschäften, Reisebüros, Fastfood-Lokalen, Kneipen, Clubs und Tattoo-Läden gesäumt, die sich alle dem Massentourismus verschrieben haben. Hier geht es vor allem nachts ruppig und laut zu, der amüsierfreudige Tourist findet alles, was er sich wünscht. Aber trotzdem hat Sidari immer noch einen Hauch von griechischem Charme: Ein Stück die Straße hinunter liegt der alte Dorfplatz. Hier wachsen Platanen, es gibt Bänke, einen Musikpavillon und den Seepferdchen-Brunnen. An der Nordseite erhebt sich die Kirche St. Nikolaos mit ihrer weißen und cremefarbenen Fassade. Innen lohnt ein Blick auf die Ikone am Eingang.

Die Strände
Bekannte Strände sind der Megali-Strand im Süden des Badeortes und die so genannten Canal-d'Amour-Strände unterhalb der Sandsteinklippen im Norden. Hier sollen Wellen den »Kanal der Liebe«, geschaffen haben, das allerdings längst eingestürzt ist. Eine

Oben: Das Nachtleben von Sidari übt auf viele einen enormen Reiz aus

Sidari 89

SIDARI: INSIDER-INFO

Top-Tipp: Im altmodischen *kafenio* in der Hauptstraße gibt es die preiswertesten Getränke und Zigaretten der ganzen Stadt.

Ein Muss! Für die Besichtigung der vom Wind erodierten **Felsformationen** sollte man ausreichend Zeit einplanen.

Legende besagt, dass eine Frau, die durch dieses Tor schwimmt, das Herz des Mannes gewinnt, in den sie verliebt ist. Heute bieten Reiseveranstalter romantische Schifffahrten am Abend an.

Zu den beliebten Ausflügen ab Sidari gehört der Tagesausflug zu den Diapondia-Inseln. Für Kinder gibt es den kleinen Sidari-Wasserpark (gratis).

KLEINE PAUSE

Pizza Romano (tägl. 12–3 Uhr) liegt bei einem ruhigen kleinen Platz etwa in der Mitte der Hauptstraße. Die Pizzeria hat einen eigenen Patio mit Palme, einen Brunnen im Garten und kocht eine gelungene Mischung aus griechischen und italienischen Gerichten.

Unten: Phantasievolle Sandsteinfelsen bei Sidari

🞤 182 B5
🍴 viele Cafés, Kneipen, Restaurants und Imbisslokale
🚌 grüner Bus ab Korfu-Stadt

Der Norden

Nach Lust und Laune!

5 Kontokali

Kontokali (Kondokali) ist der erste Ferienort auf der Fahrt von Korfu-Stadt Richtung Norden. Auch wenn es hier hoch her geht, konnte sich der beliebte Ort doch im Vergleich zu den anderen Urlaubsorten weiter im Norden etwas von seinem Charakter bewahren. Am Yachthafen geht er nahtlos in Gouvia über, das betuchtere Gäste anlockt. Die Strände hier sind unspektakulär, aber in den Gassen zwischen dem Yachthafen und der Küstenstraße herrscht ein buntes Treiben. Hier stehen ansehnliche alte Häuser und einige altmodische Lokale. Es gibt nur wenige Übernachtungsmöglichkeiten, da die meisten Besucher auf ihren Schiffen wohnen.

183 D2

Restaurants, Kneipen und Cafés blauer Bus ab Korfu-Stadt in Richtung Dasia

Reste einer venezianischen Werft in Kontokali

6 Gouvia

Der Yachthafen, in dem seit Jahren Schiffe gebaut und repariert werden, dominiert die Küste ebenso wie die alte Bootswerft aus venezianischer Zeit (ausgeschildert). Wie in Kontokali hat sich auch hier in den Gassen noch etwas vom alten Flair erhalten. Nachts ist recht viel los, es gibt einige noble (und teure) Fischrestaurants am Meer. Der Blick auf die Kirche von Ipapandi bei Kommeno ist sehr schön.

183 D2

Kneipen, Restaurants und Cafés blauer Bus ab Korfu-Stadt in Richtung Dasia

7 Dasia

Weiter nordwärts folgt Dasia, das allerdings nicht so schick wie Gouvia ist. Die lebhafte Küstenstraße wird von Kneipen, Cafés, Clubs, Geschäften und Tavernen gesäumt, verläuft aber zum Glück fast einen Kilometer vom Strand entfernt. Viele Seitenstra-

Nach Lust und Laune!

ßen ziehen sich an Hotels und Apartmenthäusern vorbei zum Meer hinunter. Kulturell Interessierte fahren von hier landeinwärts nach Kato Korakiana; dort liegt eine Zweigstelle der Nationalgalerie in Athen. Die Gemäldesammlung in einem weiß getünchten Gebäude im Erdgeschoss ist klein, aber sehenswert.

⊞ 183 D3 ⑪ Restaurants, Kneipen und Cafés 🚌 blauer Bus ab Korfu-Stadt

Zweigstelle der Nationalgalerie
✉ Kato Korakiana 🕓 im Sommer Mi bis Mo 10–14, Mo, Mi & Fr auch 18–19 Uhr 💶 mittel
⑪ Mittag- und Abendessen im Restaurant Limeri oben auf dem Berg ❓ Fotografieren verboten

8 Ypsos

Hinter Dasia führt die Küstenstraße bergab und verläuft im Ferienort Ypsos (Ipsos) am grauen Kieselstrand entlang. Den Reiz der Bucht trüben der Verkehrslärm und die Tatsache, dass man die Küstenstraße überqueren muss, um zu Geschäften, Tavernen und Kneipen zu kommen. Nachts dröhnt der Lärm aus den Diskos: Der Ort ist vor allem bei jungen Leuten beliebt, die gern die Nacht durchfeiern. Tagsüber verlagert sich die Aktion dann an den Strand, der viele Wassersportmöglichkeiten bietet.

⊞ 183 D3
⑪ Restaurants, Cafés und Kneipen
🚌 grüner Bus ab Korfu-Stadt nach Ypsos

Windsurfen ist in Dasia ein beliebter Zeitvertreib

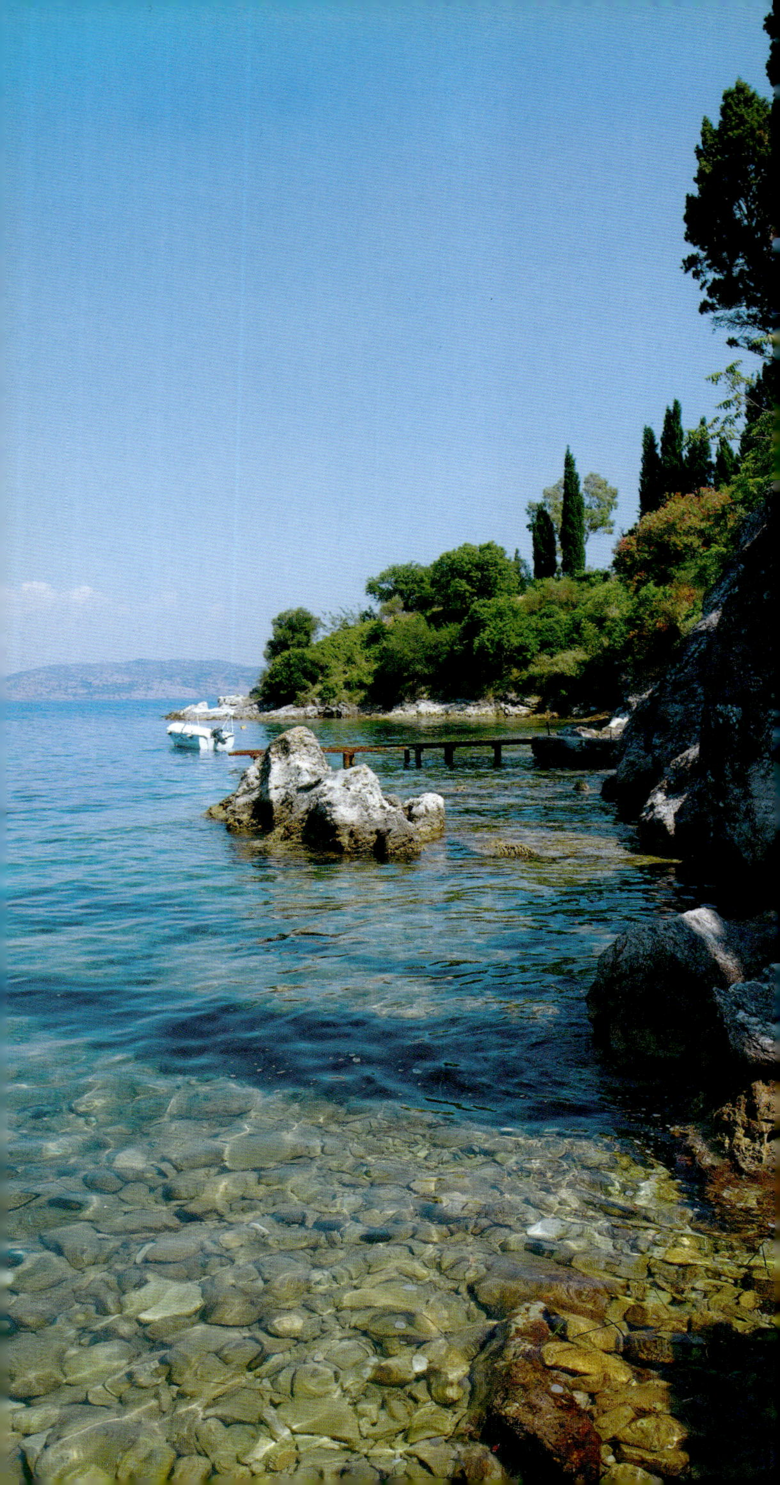

Nach Lust und Laune!

9 Pyrgi

Pyrgi (Pirgi) nimmt das Nordende der großen Bucht ein und lässt sich heute kaum noch von Ypsos trennen. Die Küstenstraße steigt hier an und führt eingezwängt zwischen Bergen und Meer Richtung Osten. Der Strand ist hier am Nordende sehr sandig. Wer mehr Spaß an Wanderungen als am Nachtleben hat, ist hier genau richtig: Von hier ist es nicht weit zum Pantokrator und einigen schönen, sehenswerten Bergdörfern.

🞣 183 D3
🍴 Restaurants, Cafés und Kneipen
🚌 grüner Bus ab Korfu-Stadt nach Ypsos oder Kassiopi

10 Barbati

In Barbati an der Ostküste verändert sich die Landschaft: Die Insel hat hier durch den Pantokrator eine Ausbuchtung. Eine Straße verbindet die Ferienorte, die wie an einer Perlenschnur aufgereiht liegen. Sie muss sich zwischen den Bergen und dem Meer ihren Weg bahnen und verläuft hoch über dem Wasser. Sie durchschneidet dabei Orte wie Barbati: Der eigentliche Ort liegt entlang der Straße; Gassen und Wege führen aber zum Strand hinunter. Dort lässt es sich gefahrlos baden. Wassersport ist ebenfalls möglich, oben an der Hauptstraße liegen jede Menge Lokale, allerdings längst nicht so viele wie weiter im Süden. Unterkünfte liegen in den Seitenstraßen; sie sind nicht ganz einfach zu finden.

🞣 183 E3
🍴 Restaurants, Kneipen und Cafés
🚌 grüner Bus ab Korfu-Stadt nach Kassiopi

11 Nisaki

Nisaki zieht sich Kurve um Kurve an und unterhalb der Küstenstraße entlang, hat aber kein richtig erkennbares Zentrum. Die Gassen und Wege führen zu den Buchten, Stränden und den kleinen Häfen mit ihren beliebten Tavernen hinunter. Die meisten Übernachtungsmöglichkeiten liegen in den meerwärts führenden Seitenstraßen, die schmalen Zugänge sind jedoch schwer zu erkennen. An der Hauptstraße liegen viele Geschäfte und Lokale – einige sind überraschend gut –, außerdem Autoverleih und Reisebüros. Das Dorf hat zwar kein Zentrum, aber eine entspannte und freundliche Atmosphäre: Viele Gäste kommen jedes Jahr wieder.

🞣 183 E4
🍴 Restaurants und Cafés
🚌 grüner Bus ab Korfu-Stadt nach Kassiopi

12 Agni

Agni eignet sich ideal für ein Mittagessen am Meer oder ein romantisches Abendessen, denn es versteckt sich am Ende einer kleinen Straße, die von der Küstenstraße zum Meer hinunterführt. Bevor die Straße gebaut wurde, kamen die Leute mit dem Wassertaxi, um in den drei hervorragenden Tavernen am Strand zu essen – ein Service, den einige Restaurants bei telefonischer Reservierung noch

Das seichte und klare Wasser im Hafen von Agni

Der Norden

immer anbieten. Die kleine Bucht mit Kieselstrand liegt sehr idyllisch. Durch Olivenhaine führen Wege zu weiteren Buchten und Stränden.
🚌 183 E4 🍴 Restaurants
🚍 grüner Bus ab Korfu-Stadt nach Kassiopi; Haltestelle an der Hauptstraße, von dort zu Fuß

⓭ Kouloura

Den Ort sollte man keinesfalls auslassen, denn der kleine Hafen scheint wie vom Rest der Welt abgeschnitten. Wer auf der Küstenstraße Richtung Norden unterwegs ist, kann an dem markierten Aussichtspunkt halten: Von dort ist der Hafen besonders schön zu sehen und an sonnigen Tagen das perfekte Postkartenmotiv. Viel näher muss man auch nicht heranfahren (es sei denn, man liebt solche Orte), das einzige Lokal ist meist auch entsprechend voll. Besonders hoch her geht es Sonntagmittag.
🚌 183 F4 🍴 Lokal
🚍 grüner Bus ab Korfu-Stadt nach Kassiopi; Haltestelle an der Hauptstraße, von dort zu Fuß

⓮ Agios Stefanos

Der Strand liegt an einer geschwungenen Bucht mit weiß getünchten Häusern. Die Olivenhaine und das Ackerland ziehen sich die sanften Hügel hinauf und bieten einen schönen Blick auf die malerische albanische Landschaft. Das Dorf eignet sich hervorragend als Standquartier für Wanderungen, ansonsten kann man die Zeit damit verbringen, sich für eine der vielen guten Tavernen zu entscheiden und die im Meer dümpelnden Boote zu beobachten.
🚌 183 F4 🍴 Tavernen
🚍 grüner Bus ab Korfu-Stadt nach Kassiopi; Haltestelle Sinies, von dort 3 km zu Fuß

⓯ Andinioti-Lagune

Die Lagune ist klein, aber ein wichtiges Feuchtgebiet, und somit für alle an der heimischen Tierwelt Interessierte ein lohnendes Ziel. Man fährt zunächst zur Kirche Agios Spyridon, wo es auch eine Taverne und einen kleinen Sandstrand gibt. Von dort führt ein Weg zur Lagune. Mit etwas Glück sind Reiher und Habichte, Wattvögel und Grasmücken zu sehen. Nach Einbruch der Dämmerung erschallt der Ruf der Nachtigall. Im Wasser schwimmen Sumpfschildkröten – die Lagune bietet somit eine willkommene Abwechslung von den lebhaften Urlaubsorten!
🚌 183 D5 🍴 Taverne
🚍 grüner Bus ab Korfu-Stadt nach Roda oder Sidari über die Küstenstrasse; Haltestelle an der Küstenstraße, von dort zu Fuß zur Lagune

⓰ Acharavi

Acharavi (Aharavi) war ein Sumpfgebiet, bevor es dem Meer abgetrotzt wurde. 1979 gab es hier bloß ein einziges Telefon. Heute ist das Dorf als Ferienort vor allem bei Familien beliebt, wobei der erste Eindruck nicht unbedingt der positivste ist. Wer auf der Hauptküstenstraße durch den Ort fährt, sieht die üblichen Kneipen, Lokale, Reisebüros und Andenkenläden. Doch in den Seitenstraßen zum Meer hinunter ist der alte Charme noch spürbar. Der Strand mit Sand und Kiesel ist lang und wunderschön, auch kleine Kinder können hier gefahrlos im Wasser plantschen. Für größere Kinder und Erwachsene gibt es jede Menge Wassersportmöglichkeiten. Am Abend sind

In der Andinioti-Lagune, einem wichtigen Feuchtgebiet, dümpeln idyllisch die Boote

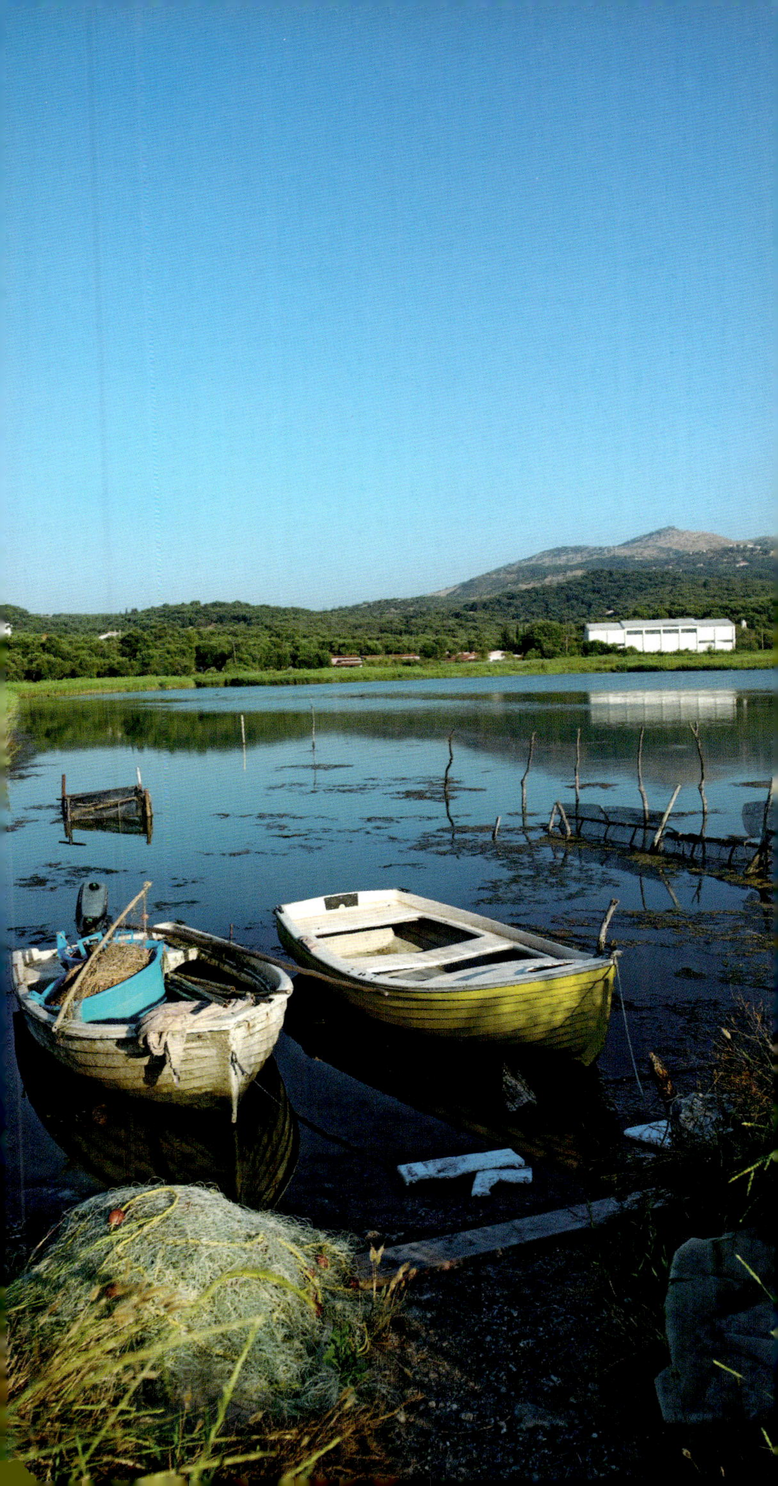

Der Norden

die Lokale voll; so rau wie in anderen Orten sind die Sitten hier allerdings nicht.
✚ 183 D5
🍴 Restaurants, Kneipen und Cafés
🚌 grüner Bus ab Korfu-Stadt nach Sidari oder Roda über die Küstenstrasse

17 Roda
Auch dieser Ort an der Nordküste hat sich durch den Tourismus enorm schnell entwickelt. Der Sandstrand ist okay, allerdings nichts Besonderes, dahinter reihen sich die Lokale, Souvenirläden und Kneipen aneinander. Viele haben sich mit Sportübertragungen, TV-Shows und Karaoke-Wettbewerben auf ein vorwiegend britisches Publikum eingestellt. Das Nachtleben ist rege, aber nicht so umtriebig wie in Sidari oder Kassiopi. Der Strand liegt ein gutes Stück von der Hauptstraße entfernt, die quer durch das Zentrum verläuft.
✚ 182 C5
🍴 Tavernen, Kneipen und Cafés
🚌 grüner Bus ab Korfu-Stadt

18 Astrakeri
Rund um Astrakeri ist die Erschließung dieses Abschnitts der Nordküste schon absehbar. Momentan gibt es hier bloß einen Strand mit Sand und Kiesel, eine Mole, einen gigantischen Parkplatz, eine handvoll Lokale, ein kleines Hotel und ein paar Privatzimmer im Sommer.
✚ 182 C5
🍴 Tavernen
🚌 grüner Bus ab Korfu-Stadt nach Karousades, von dort zu Fuß oder nach Sidari über die Küstenstrasse

19 Karousades
Das Dorf ist leicht zu übersehen, denn die Straße zwischen Roda und Sidari führt um das Ortszentrum herum; man muss also auf die Beschilderung achten. Karousades ist ein reizendes noch recht ursprüngliches Dorf mit einer Kirche aus dem 18. Jh. samt pinkfarbener Kuppel und einem modernen Glockenturm, dazu kommen ein paar schöne alte Häuser und ein herrlicher Blick über die Hügel und Täler ins Inselinnere. Am östlichen Ortsausgang kann man parken und sich dann in aller Ruhe umsehen.
✚ 182 C5
🍴 Tavernen und Cafés
🚌 grüner Bus von Korfu-Stadt

20 Ano Perithia
Das alte Ano Perithia ist an der nördlichen Küstenstraße ausgeschildert und war bis vor kurzem noch ein verlassenes byzantinisches bzw. venezianisches Bergdorf, das sich bloß mit dem Jeep erreichen ließ. Inzwischen wurde die Straße ausgebaut; das letzte Stück ist zwar noch ein bisschen holprig, aber inzwischen ebenfalls mit einem normalen Pkw befahrbar. Im Dorf wohnen nun wieder mehr Menschen, die auch die hübschen Steingebäude restaurieren. So ist der Ort mit seinen zwei ausgezeichneten Tavernen und einem Café zu einem attraktiven Ausflugsziel vor allem für Fotografen avanciert. Bei einem Bummel durch die Gassen öffnen sich wieder neue Fotomotive, meist sind es alte stimmungsvolle Gebäude mit schönen Hauseingängen und Fensterläden. Wer auf einer Staubstraße ein Stück bergauf geht, hat einen schönen Blick über die Dächer.
✚ 183 E4
🍴 Tavernen und Café
🚌 keiner

Wohin zum ...
Übernachten?

Preise
Für ein Doppelzimmer pro Nacht in der Hochsaison gelten folgende Preise:
€ unter 80 Euro   €€ 80–130 Euro   €€€ über 130 Euro

ACHARAVI

Acharavi Beach Hotel €€
Ein weitläufiger Komplex mit großem Pool und schön gestalteten Garten auf der unteren Hälfte der Küstenstraße. Die Zimmer sind auf verschiedene Blocks verteilt und verfügen über Klimaanlage, Satellitenfernsehen, Internetzugang und Kühlschrank. Die Apartments haben außerdem eine Küche und Bad oder Dusche. Die Zimmer im vorderen Teil bieten einen schönen Blick auf das Meer.
✚ 183 D5
✉ Strandstrasse
☎ 26630-63102; www.acharavibeach.com
✱ Nov.–März geschl.

BARBATI

La Riviera Barbati Seaside Apartments €€–€€€
Geschmackvoller neuer Komplex am Strand mit kleinen Einheiten aus zwei bis vier Apartments. Alle haben ungestörten Meerblick. Die Apartments haben außerdem einen privaten Parkplatz. Zur Ausstattung gehören Pools und eine Taverna.
✚ 183 E3 ☎ 26610-9323;
www.iposbeach.com ✱ Nov.–März geschl.

DASIA

Corfu Chandris/Dasia Chandris €€€
Die beiden Hotels wurden in den 1970er-Jahren gebaut und liegen nebeneinander an der Dasia-Bucht. Insgesamt stehen 600 Zimmer, Bungalows und Villen zur Verfügung, die Gärten ziehen sich bis zum Meer hinunter. Es gibt ein Unterhaltungsprogramm für die Kinder, Sporteinrichtungen und ein Open-Air-Kino.
✚ 183 D3 ✉ Dasia Bay
☎ 26610-97100; www.chandris.gr ✱ Nov.–März geschl.

Grecotel Daphnila Bay Thalasso €€
Wer Urlaub mit Wellness und einem Schönheitsprogramm verbinden möchte, ist hier genau richtig. Das Kurzentrum mit Thalasso- und Aromatherapie wurde 1999 nach der Renovierung des Hotels eingerichtet – es ist eines der besten in Südeuropa. Auch das Hotel selbst ist traumhaft, es hat 126 Zimmer im Hauptgebäude und weitere 134 Bungalows. Das Personal ist freundlich und sehr aufmerksam.
✚ 183 D3 ✉ Dasia ☎ 26610-90320; www.grecotel.gr ✱ Nov.–März geschl.

GOUVIA

Louis Corcyra Beach Hotel €€€
Das schicke, aber preiswerte Hotel liegt nicht weit vom lebhaften Gouvia entfernt, seine Ruhe hat man hier aber trotzdem. Die Gärten ziehen sich bis zum Sandstrand, die Kindereinrichtungen – u. a. ein Club, ein Pool und ein Spielplatz – sind hervorragend.
✚ 183 D2 ✉ Gouvia ☎ 26610-90196; www.louishotels.com ✱ Nov.–März geschl.

Molfetta Beach €
Wer ein preiswertes, nettes, kleines Hotel sucht, ist im Molfetta Beach gut aufgehoben. Es gibt nur 27 einfache, aber hübsche Zimmer, alle haben Bad, Balkon und Meerblick. Das Haus liegt an der Küstenstraße mitten in einem Garten. Es bietet ein gutes Restaurant, eine Bar am Strand und im Sommer Abendunterhaltung wie griechische Tänze.

Der Norden

✚ 183 D2 ⊠ Gouvia ☎ 26610-91915 ⊙ Nov.–März geschl.

KASSIOPI

Theofilos Apartments €

Die einfachen Zimmer dieses freundlichen Hotels gleich hinter dem Strand von Kalamiones sind eines der günstigsten Angebote in diesem Teil der Insel. Außerdem liegen sie sehr nah am lebendigen Zentrum von Kassiopi.

✚ 183 E5 ⊠ Kassiopi
☎ 26610-81261; www.theofiloskassiopi.com
⊙ Nov.–April geschl.

KOMMENO

Grecotel Corfu Imperial €€€

Das *Imperial* zählt zu den besten Häusern auf Korfu. Es liegt vom Meer, und hat einen Privatstrand. Die Gäste haben die Wahl zwischen 184 Zimmern, 122 Bungalows und 4 Luxusvillen, außerdem gibt es mehrere Restaurants, Bars, hervorragende Sporteinrichtungen (u.a. ein Tennisclub) und einen Meerwasserpool.

✚ 183 E3 ⊠ Kommeno; Fax: 26610-91881;
☎ 26610-88400; Fax: 26610-91881;
www.grecotel.gr ⊙ Nov.–März geschl.

Nefeli €

Der nette Familienbetrieb versteckt sich in einem Olivenhain auf der Halbinsel Kommeno und hat 45 Zimmer und ein paar kleine Suiten. Wer Ruhe und Frieden sucht, ist hier richtig. Ein Pool ist vorhanden; ein Pfad führt in ein paar Minuten zum kleinen Sandstrand hinunter.

✚ 183 E3 ⊠ Kommeno ☎ 26610-90290; www.hotelnefeli.com ⊙ Nov.–März geschl.

KONTOKALI

Kontokali Bay €€€

Wem der Sinn nach Komfort und Unterhaltung für die ganze Familie steht, kommt hier auf seine Kosten. Es gibt einen weitläufigen Garten, einen Pool, zwei Privatstrände, Wassersportmöglichkeiten und einen Kinderclub. Erwachsene können Tennis spielen oder reiten und sich an der Strandbar oder in den Restaurants amüsieren.

✚ 183 D2 ⊠ Kontokali ☎ 26610-99000/91901; www.kontokalibay.com ⊙ Nov.–März geschl.

NISAKI

Nisaki Beach Hotel €€€

Das sehr teure, schöne 4-Sterne-Hotel liegt in einer der schönsten Ecken Korfus. Die 239 Zimmer werden mit Halbpension vermietet, es gibt Einzelzimmer, Suiten und Familienzimmer. Vom Pool hat man einen schönen Blick auf den Strand. Den Gästen stehen ein Fitnessraum, Tennisplätze, Beachvolleyballfelder und eine Minigolfanlage zur Verfügung, dazu kommen Wassersportangebote und Aktivitäten für Kinder.

✚ 183 E4 ⊠ Nisaki
☎ 26630-91232; www.nissakibeach.gr ⊙ Nov.–März geschl.

SIDARI

Alkyon €

Das Hotel liegt zwischen Innenstadt und Strand und ist einfach, aber sauber und günstig. Im Sommer gibt es ein Unterhaltungsprogramm, u.a. auch griechische Tänze. Das beliebte Familienhotel hat einen Pool, eine Sonnenterrasse, eine Bar und einen Kinderspielplatz.

✚ 182 B5
⊠ Sidari
☎ 26630-95300; www.sidarialkyon.com
⊙ Nov.–März geschl.

YPSOS

Ipsos Beach €

Der Hoteleingang liegt direkt an der Küstenstraße, die Gebäude verstecken sich jedoch zurückversetzt zwischen Orangen- und Zitronenbäumen. Zur Anlage gehören ein Pool, eine Bar und ein Restaurant mit einer von Palmen umstandenen Terrasse – hier kann man etwas trinken oder im Sommer ganz in Ruhe das Unterhaltungsprogramm anschauen. Das Hotel zählt zu den besten in Ypsos.

✚ 183 D3 ⊠ Ypsos
☎ 26610-93232; www.ipsosbeach.com
⊙ Nov.–März geschl.

Wohin zum ...
Essen und Trinken?

Preise
Die Preise gelten pro Person für ein Drei-Gänge-Menü ohne Getränke und Trinkgeld:
€ unter 15 Euro €€ 15–25 Euro €€€ über 25 Euro

ACHARAVI

Neraida €–€€
Dieses Fischrestaurant direkt am Strand eignet sich hervorragend für ein Mittag- oder Abendessen. Neben gegrilltem Fisch und einigen phantasievollere Kreationen werden auch einige phantasievollere Kreationen wie Forellensalat serviert. Die Bedienung ist freundlich.

🏳 183 D5
☒ Acharavi
☎ 26630-64522
🕐 tägl. Mittag- und Abendessen

AGNI

Taverna Agni €€
Die Taverne am Strand (die es seit mehr als 150 Jahren gibt) zählt zu den phantasievollsten der Region. Sie ist von den Ferienorten aus auch mit dem Wassertaxi erreichbar. Das Essen der anglo-korfiotischen Wirtsleute lässt sich mit griechisch vom Feinsten« umschreiben. Alle Fische und Meeresfrüchte werden vor Ort gefangen und zu Gerichten wie Kräutermuscheln in Wein verarbeitet. Zu den besonderen Köstlichkeiten des Hauses zählen z. B. Muscheln in Wein mit Kräutern.

🏳 183 F4 ☒ Agni 🌐 www.agni.gr
🕐 Ostern–Okt. tägl. Mittag- und Abendessen

Taverna Nikolas €€
Die alteingesessene Taverne liegt an der Südseite der Bucht. Frischer Fisch lautet hier die Losung, er schmeckt am besten an einem der Tische mit Blick auf die Mole, wo auch die Boote anlegen. Aber auch die Gaststube ist sehr schön.

🏳 183 F4 ☒ Agni ☎ 26630-91243
🕐 tägl. Mittag- und Abendessen;
von Nov.–Ostern nur am Wochenende

AGRAFI

Angonari €–€€
Dieses fantastische *Mezedopolio*, versteckt gelegen an einer ruhigen Kreuzung 1 km östlich von Agrafi, lohnt den Besuch wegen seiner leckeren Soßen, Salate und Mezzedes begleitet von leckerem Fasswein und leiser Live-Musik.

🏳 182 C4 ☒ 1 km von Agrafi

☎ 26630-31928
🕐 im Sommer tägl.;
im Winter Sa–So 20–1 Uhr

AVLAKI

Cavo Barbaro €–€€
Das reizende Restaurant liegt an der hübschen kleinen Bucht von Avlaki. Durch die offenen Küchenfenster fliegen die Schwalben hinein und zur Tür wieder hinaus, um dann über den Tischen auf der überdachten Terrasse zu kreisen. Die Speisekarte ist ambitioniert, eine der Vorspeisen ist ein Auberginen-Soufflé, als Hauptgericht steht Schweinefilet mit Pflaumen auf der Karte. Wer einmal hier war, kommt gerne wieder.

🏳 183 F4 ☒ Avlaki ☎ 26630-81905
🕐 Nov.–April geschl.

AGIOS STEFANOS

Efkalyptos (Eukalyptus) €€
Das Restaurant in einer ehemaligen Olivenpresse liegt direkt am Strand der herrlichen Bucht. Das hausge-

Der Norden

GOUVIA

Argo €€

Das hervorragend am Yachthafen gelegene Restaurant wird viel von Seglern besucht. Die große Terrasse ist überdacht, außerdem stehen innen Tische. Auch der Service ist hervorragend. Es gibt Vieles vom Grill und die üblichen griechischen Gerichte, unschlagbar gut sind aber vor allem die frischen Meeresfrüchte, wie Krabben und *mydia saganaki*.

✚ 183 F4 ✉ Gouvia Marina ☎ 26610-99251 ⏰ tägl. Mittag- und Abendessen

Gorgona €€–€€€

Von außen sieht das Restaurant wie die meisten griechischen Lokale aus, aber es kommen hier einige der besten Fischgerichte der ganzen Insel auf den Tisch. Der Besitzer angelt selbst, der fangfrische Fisch ist also immer empfehlenswert, aber achten Sie auf das Gewicht, das den Preis bestimmt.

✚ 183 D2 ✉ Gouvia ☎ 26610-90261 ⏰ April–Okt. tägl. Mittag- und Abendessen; Nov.–März Fr/Sa Abendessen, So Mittagessen

DAFNILAS

Du Lac €€€

Das *Du Lac* hat sich bei den Korfioten rasch etabliert; viele kommen extra aus Korfu-Stadt, um hier mit anspruchsvollen Touristen zu essen. Das Restaurant in der Hauptstraße ist an der langen Fassade mit Palmen zu erkennen. Innen ist die Einrichtung mit Holzbalken und gedämpfter Beleuchtung eher schlicht. Zu den mediterran beeinflussten Gerichten passt ein griechischer Wein.

machte Essen ist hervorragend, zur Auswahl stehen Gerichte wie das Eukalyptus-Huhn (Hühnerfilet mit Kräutern, Gemüse und Schinken). Die Weinkarte erklärt, welcher griechische Wein am besten zum jeweiligen Essen passt.

✚ 183 F4 ✉ Agios Stefanos ☎ 26630-82007 ⏰ tägl. 12–17 und 19–23 Uhr; Nov.–Ostern geschl.

DAFNILAS

✚ 183 D3 ✉ Dafnilas ☎ 26630-91783 ⏰ tägl. 20–1 Uhr

KALAMI

The White House €€

Die große Terrasse im Schatten eines Baums ist ideal für ein gepflegtes Abendessen am Meer. Das ehemalige Haus von Lawrence Durrell ist heute ein hervorragendes Restaurant. Vegetarier haben die Auswahl unter mehreren Gerichten. Unvergesslich und unvergleichlich ist das Hühnchen in *ouzo* und Knoblauch.

✚ 183 F4 ✉ Kalami ☎ 26630-91251; www.white-house-corfu.gr ⏰ tägl. 8.30–23.30 Uhr

KASSIOPI

Porto €–€€

Dieses Restaurant liegt sehr schön direkt am Hafen und bietet eine breite Palette der griechischen Küche wie die korfiotischen Spezialitäten *sofrito* und *bourdeto* sowie leckere Grillgerichte und Salate an.

✚ 183 E5 ✉ Hafen in Porto ☎ 26630-81228 ⏰ tägl. Mittag- und Abendessen; Nov.–April geschl.

KATO KORAKIANA

Etrusco €€€

Das *Etrusco* gilt als eines der besten Restaurants in ganz Griechenland. Das Hauptspeisezimmer wurde auch nach London oder Paris passen – Gleiches gilt für die Preise! Wer den marinierten Lachs oder die Ente mit Pasta und Trüffeln probiert, gerät unweigerlich ins Schwärmen.

✚ 183 D3 ✉ Kato Korakiana ☎ 26610-93342 ⏰ Nur Abendessen; Nov.–März geschl.

NISAKI

Nisaki Grill €

Das Lokal liegt zwar direkt an der Hauptstraße, was aber im Sommer keinen vom Kommen abhält. Leckere Suppen stehen auf der Speisekarte ganz oben, die ansonsten die üblichen korfiotischen Gerichte wie *moussaka*, *sofrito*, *stifado* bietet. Die Frau des Besitzers kocht hervorragend.

✚ 183 E4 ✉ Nisaki ☎ 26630-91767

Wohin zum ... Einkaufen?

KUNST UND KUNSTHANDWERK

Kassiopi hat sich als Zentrum für handgemachte Spitze einen Namen gemacht. In zahlreichen Geschäften kann sich jeder persönlich vom Unterschied zwischen Handarbeit und Industrieware überzeugen. Ein Kriterium ist leicht nachzuvollziehen: der Preis! Wer wochen-, ja monatelang an einem Stück arbeitet, kann es nicht billig verkaufen. Gute Spitze ist im **Agatha's Lace** (Tel. 26630-81315) in der Hauptstraße erhältlich, wo es auch Stickereien, Läufer und anderes Kunsthandwerk aus Korfu gibt.

Arbeiten aus Olivenholz sind ein wichtiges Nebenprodukt der Olivenölproduktion. Seit immer mehr Touristen nach Korfu strömen (die alle auf der Suche nach einem Souvenir sind), schießen überall Werkstätten aus dem Boden. Um sicherzugehen, dass die Stücke auch Handarbeit sind, sollte man nach Ateliers suchen, in denen auch gearbeitet wird.

Eine solche Werkstatt ist der **Nisaki Olive Wood Factory Shop** (Tel. 26630-91285) auf der linken Seite der Hauptküstenstraße durch Nisaki. Die Auswahl in diesem Geschäft ist gut: es gibt Backgammon-Spiele, Kruzifixe, Bilderrahmen sowie Schachteln und Schalen in jeder Größe und Preislage.

LEBENSMITTEL UND GETRÄNKE

Am nördlichen Ende von Korfu-Stadt liegt an der Hauptstraße nach Paliokastritsa das Dorf Alykes Potamou. Wer gutes Essen schätzt, sollte hier Halt machen und **Kerkyraiki Allantopoiia** (Tel. 26610-91465) einen Besuch abstatten, und zwar vor allem, wenn ein Picknick geplant ist. Hier gibt es verschiedenste geräucherte und getrocknete Fleischwaren, so auch *noumpoulo*, eine Spezialität der Insel: hauchdünne Scheiben Schweinefleisch ähnlich dem italienischen Prosciutto.

Wer südlich von Roda die Hauptstraße in die Berge nimmt, kommt zu einem Schild nach Nymfes, wo die **Agrargenossenschaft** (Tel. 26630-94073; www.kumquat.gr; Öffnungszeiten telefonisch erfragen) ihren Sitz hat. In Roda (Tel. 26630-32231) gibt es eine Filiale. Die Mitarbeiter zeigen, wie aus den Kumquatfrüchten Likör und andere Getränke hergestellt werden. Eine Kostprobe ist natürlich inbegriffen, und die Endergebnisse stehen selbstredend auch zum Verkauf. Weitere Produkte aus Kumquats sind Gelee, kandierte Früchte und *ouzo*. Auf dem Rückweg nach Roda liegen die Kumquathaine auf der rechten Seite – sie sind ein schönes Fotomotiv, vor allem wenn die Bäume Früchte tragen.

Spezialitäten aus Korfu sind in guten Lebensmittelgeschäften erhältlich; zu den besten zählt das **Symposium** (Tel. 26630-91094) links von der Hauptküstenstraße, es liegt an der südlichen Einfallsstraße nach Nisaki. Frisches Brot, Croissants, Käsepasteten, Cremekuchen und andere Köstlichkeiten verlocken jeden Morgen aufs Neue. Es gibt auch wunderschöne Flaschen Olivenöl mit Kräutern, Marmelade und Honig, roten griechischen Safran, Meersalz mit Kräutern, Gewürze aus Lesbos und Kuchen, die die Frau des Eigentümers Alexandros selbst backt. Er weiß unendlich viel und bietet auch einen *tsipouro* aus Nordgriechenland, einen *raki* aus Kreta und eine kleine Auswahl an Weinen aus Korfu und dem übrigen Griechenland an.

Kumquatlikör ist übrigens nicht der einzige Likör der Insel, es gibt hier auch Erdbeer- und Himbeerliköre. Wer es gern scharf mag, entscheidet sich für den hervorragend gemachten Zitronenlikör.

Der Norden

Wohin zum ... Ausgehen?

NACHTLEBEN

Nicht das gesamte Nachtleben spielt sich an der Diskomeile in Korfu-Stadt ab: Gouvia kann mit einem der besten Clubs auf der Insel aufwarten, das **Kingsize by Prince**.

Hier wird bis zum Morgengrauen gefeiert; wer müde ist, ruht sich auf einem der Sofas im Patio aus.

Auch die Marina von **Gouvia** ist ein schöner Ort zum Abhängen, zum Beispiel in Café-Bars wie **Gorgo** und **Maistro**.

Ein Stück die Küste hinauf macht in Dasia das **Edem** gleich in der Früh auf. Die Post geht dann ab bis zum nächsten Morgen; Verschiedene DJs legen die ganze Nacht auf.

Ypsos und Pyrgi haben jeweils ihre eigene Diskomeile. Clubnamen wie **Dirty Nellies** und **Alcoholics Anonymous** lassen schon ahnen, was zu erwarten ist.

Kassiopis Nachtleben zählt zu den besten des Nordens; die Auswahl ist einfach riesig. Wer auf die Piste gehen und über die Strenge schlagen will, ist hier genau richtig.

Wem der Sinn eher nach griechischen Tanzen als nach Disko steht, geht ab 22 Uhr in **Kosta's Music Bar** bei der Kirche. Die Gäste dürfen mittanzen.

In Acharavi hat sich das **Whispers** einen Namen gemacht, ebenso wie das **Caesars**, an der Hauptstraße westlich von Sidari. Es wurde renoviert und ist immer noch das beliebteste Nachtlokal des Orts. An der Hauptkreuzung in Roda liegt der beliebte Live-Bouzouki-Club **Mouses**.

SPORTS

Der Küstenabschnitt nördlich von Korfu-Stadt zählt zu den lebhaftesten der Insel. Hier kommen vor allem Wassersportfanatiker voll auf ihre Kosten.

In allen größeren Ferienorten finden sich die entsprechenden Zentren; man kann Wasserskifahren oder mit einem Boot herumpaddeln. In Gouvia bietet das **Professional Diving Centre** (Tel. 26610-91955; www.diveincorfu.gr), in Ypsos das **Waterhoppers Diving Center** (Tel. 26610-93867; www.waterhoppers.gr) Tauchgänge an. An der Marina von **Gouvia** (Tel. 26610-91475) treffen sich die Segler. An der Nordküste gibt es in Kassiopi ein PADI-Tauchzentrum, das **Corfu Divers** (Tel. 26630-81218; www.corfu-divers.com). Es bietet auch Kurse für Anfänger an.

Die Bedingungen zum **Surfen** sind hier im Norden besser als an der geschützten Ostküste. Tauchzentren liegen in Agios Georgios, Agios Stefanos und Sidari.

Wer von Pyrgi landeinwärts ins Dorf Ano Korakiana fährt, findet dort den Reitstall **Trailriders** (Tel. 26630-23090; www.trailriderscorfu.com); angeboten werden Ausritte für Anfänger wie auch für erfahrene Reiter, u.a. auch zum Pantokrator.

Mountainbikes vermietet der **Corfu Mountain Bike Shop** (Tel. 26610-93344; www.mountainbike corfu.gr) in Dasia mit einer Filiale im **Grecotel Daphnila Bay Thalasso Hotel**.

In Sidari vermietet das **Mountain Mania** (Tel. 26630-95555) Fahrräder.

SCHIFFSAUSFLÜGE

Alle größeren Ferienorte im Norden bieten verschiedene Bootsausflüge an, von preiswerten Spritztouren bis zu Tagesausflügen. Es geht zu den vorgelagerten Inseln wie Diapondia (▶ 108f) oder nach Albanien (▶ 150f), dafür ist aber ein Bustransfer zum jeweiligen Hafen erforderlich.

Der Nordwesten und das Landesinnere

Erste Orientierung 104

In drei Tagen 106

Nicht verpassen! 108

Nach Lust und Laune! 114

Wohin zum ... 119

Der Nordwesten und das Landesinnere

Erste Orientierung

Auch wenn hier Palaikastritsa, einer der beliebtesten Ferienorte der Insel, liegt, geht es in dieser Gegend doch sehr entspannt zu. Andere, eher normale und auch preiswerte Urlaubsorte sprechen vor allem Familien an. Mit ihren verschwiegenen Buchten und den faszinierenden Diapondia-Inseln hat die Region aber auch für Unternehmungslustige ihren Reiz.

Wer von der Gegend wirklich etwas haben will, braucht ein Auto – selbst wenn es nur ein Mietwagen für ein oder zwei Tage ist. Mit öffentlichen Verkehrsmitteln lassen sich Orte wie Angelokastro und die Ropa-Ebene nicht so genießen, wie man es sich wünschen würde. Eins ist jedenfalls sicher: Der gesamte Küstenabschnitt mit seinen dramatischen Klippen und atemberaubenden Ausblicken lohnt eine intensive Besichtigung.

Im Landesinneren präsentieren Orte wie Doukades, Makrades und Vatos einen ganz anderen Aspekt der Insel. In diesen kleinen Weilern nimmt das Leben noch seinen ursprünglichen Gang; sie sind vom Tourismus kaum beeinträchtigt.

Die drei kleinen Korfu vorgelagerten Diapondia-Inseln lassen sich am besten im Rahmen eines organisierten Tagesausflugs besuchen.

Erste Orientierung 105

★ Nicht verpassen
1. Diapondia-Inseln ➤ 108
2. Angelokastro ➤ 111
3. Palaikastritsa ➤ 112

Nach Lust und Laune!
4. Peroulades ➤ 114
5. Agios Stefanos ➤ 114
6. Arillas ➤ 114
7. Afionas ➤ 114
8. Agios Georgos ➤ 115
9. Makrades ➤ 115
10. Lakones ➤ 115
11. Doukades ➤ 116
12. Ropa-Ebene ➤ 116
13. Ermones ➤ 116
14. Vatos ➤ 117
15. Myrtiotissa (Mirtiotissa) ➤ 117
16. Glyfada (Glifada) ➤ 118
17. Pelekas ➤ 118

Blick auf die Bucht von Palaikastritsa

Der Nordwesten und das Landesinnere

In drei Tagen

Wenn Sie sich nicht sicher sind, wo Sie Ihre Reise beginnen möchten, empfiehlt diese Route eine schöne und praktische Dreitagestour durch Nordwest- und Zentralkorfu mit den wichtigsten Sehenswürdigkeiten. Sie können dazu die Karte auf der vorangegangenen Seite verwenden. Weitere Informationen finden Sie unter den Haupteinträgen.

Erster Tag

Vormittags
Am besten fangen Sie mit der Besichtigung der ❶ **Diapondia-Inseln** (Marthraki, oben; ➤ 108ff) an. Sie lassen sich am einfachsten im Rahmen eines organisierten Tagesausflugs besuchen. Viele Ferienorte bieten solche Fahrten an, die meist früh starten.

Nachmittags
Bei den Ausflügen ist oft ein Picknick oder Grillfest am Strand inbegriffen; meist kann man so viel essen und trinken, wie man will. Große Veranstalter haben ein eigenes Schiff. Wer auf eigene Faust unterwegs ist, sollte sich auf viele andere Urlauber einstellen.

Abends
In der Regel sind Sie am frühen Abend wieder zurück – gerade rechtzeitig zum Abendessen im Ferienort. Wer auf einer der Inseln übernachtet, muss mit einem begrenzten Angebot rechnen.

Zweiter Tag

Vormittags
Sie sollten versuchen, bereits um 8.30 Uhr in **2 Angelokastro** (➤ 111) zu sein, da der halbstündige Fußmarsch vom Parkplatz bis zum Eingang später am Tag wegen der Hitze recht anstrengend wird. Die Besichtigung der alten Burgruine dauert nicht lang, so bleibt Zeit für den Besuch von **9 Makrades** (➤ 115) in der Nähe, am besten, bevor die Ausflugsbusse eintreffen. Dann geht es weiter nach **7 Afionas** (➤ 114f), der Laden Oliven und Mehr (➤ 123) hat über Mittag geschlossen. Afiónas ist ein schöner Ort für ein leckeres Mittagessen.

Nachmittags
Bummeln Sie ein bisschen durch **6 Arillas** (➤ 114) und **5 Agios Stefanos** (➤ 114), wo Sie auch übernachten können. Der Sonnenuntergang in **4 Perouledes** ist beeindruckend, das Dorf hat aber nur wenige Übernachtungsmöglichkeiten.

Dritter Tag

Vormittags
Wer die schöne Gegend wirklich genießen will, sollte früh in die Berge fahren, vorbei an Kavvadades und Arkadades, bevor es zum Troumbeta-Pass hinaufgeht. Der Pass liegt hoch oben in den Bergen, von der aus dem Fels geschlagenen Straße ist der Blick atemberaubend.

Mittags
Nun geht es zurück nach **10 Lakones** (➤ 115f). Das beste Lokal für ein Mittagessen ist das *Golden Fox* (➤ 122) – es bietet eine Superaussicht.

Nachmittags
Weiter geht die Fahrt nach **3 Palaikastritsa** (➤ 112f) zur Besichtigung des Klosters (oben) und anschließend gen Süden in die **12 Ropa-Ebene** (➤ 116). Am Ende können Sie wieder rechts in Richtung Meer abbiegen, denn wo könnte man schöner übernachten als in **13 Ermones** (➤ 116f), wo die Sonne malerisch im Meer versinkt?

Der Nordwesten und das Landesinnere

Diapondia-Inseln

Die drei bewohnten Inseln vor Korfus Nordwestküste sind ein beliebter Tagesausflug ab Agios Stefanos (► 114) im Nordwesten oder Sidari (► 88f) an der Nordküste. Mit den Schiffen – sie fahren überwiegend in den Sommermonaten – ist man 30 bis 60 Minuten unterwegs.

Mathraki

Von den drei Diapontischen Inseln liegt Mathraki Korfu am nächsten. Die Insel ist am geringsten besiedelt, doch im Sommer schnellen die Einwohnerzahlen in die Höhe, da viele Leute nach Hause zurückkehren. Die Insel ist dicht bewaldet und hat einen langen Sandstrand, an dem die Karettschildkröten (► 24f) brüten und bietet die Möglichkeit zu schönen Spaziergängen. Vom Hafen führt die Hauptstraße landeinwärts zum Dorf Kato Mathraki, das eine Taverne hat. Ein paar Zimmer

Diapondia-Inseln

werden auch vermietet, doch verlassen sollte man sich darauf lieber nicht. Wegen der Schildkröten ist das Zelten am Strand verboten.

Erikoussa

Erikoussa ist das am stärksten besuchte Dorf. Gleich in der Nähe des Hafens, in dem auch die Ausflugsschiffe anlegen, liegt ein goldener Sandstrand: Porto. Der Bragini-Strand auf der anderen Seite ist allerdings ruhiger, ein Pfad führt quer über die flache, bewaldete Insel dorthin. Zypressenhaine trennen drei kleine Dörfer, es gibt ein Hotel und ein Restaurant, eine Taverne und ein paar Privatzimmer. Wer auf einer der Inseln übernachten möchte, findet hier die besten Voraussetzungen und die schönste Atmosphäre.

Othoni

Othoni ist die größte der drei Inseln. Auch hier gibt es ein paar Privatzimmer, mehrere Lokale, ein paar Geschäfte und Cafés, in dem vor allem Segler einkaufen und einkehren. Das Inselinnere ist bergiger und zerklüfteter. Ein Fischer bietet Fahrten zur Calypso-Höhle an, wo angeblich die Nymphen zu Hause sein sollen, die Odysseus laut Homers *Odyssee* sieben

Die sandige Küste bei Mithraki mit Hafen

Der Nordwesten und das Landesinnere

Jahre lang gefangen hielten. An der Westküste liegen mehrere Strände, darunter Aspri Ammos – der »weiße Sand«.

KLEINE PAUSE

Das **Erikoussa Hotel** hat ein gutes Restaurant (€€). Ostern kommt hier die Spezialität der Insel auf den Tisch: Kutteln in Weinsoße mit Knoblauch und Oregano.

✚ 182 A5
🍴 Einige Tavernen (€–€€) auf jeder Insel
🚢 Schiffe ab Agios Stefanos, Sidari und Korfu-Stadt

Ein Hotel in Erikoussa

DIAPONDIA-INSELN: INSIDER-INFO

Top-Tipps: Die Alternative zu den Tagesausflügen sind die normalen **Linienschiffe**. Sie legen im Sommer fast täglich in Agios Stefanos ab und sind vor allem für die Einheimischen unterwegs.
• Wer in der Nebensaison reist, aber trotzdem **auf den Inseln übernachten** möchte, sollte sich rechtzeitig erkundigen, ob Hotels und Tavernen geöffnet haben.
• Der Feiertag Mariä Himmelfahrt (15. August) ist ein gutes Datum für den Besuch von Erikoussa – allerdings ohne Übernachtung: Die Insel ist dann brechend voll und alle Betten sind belegt.

Ein Muss! Der **Hauptstrand von Erikoussa** ist hübsch und bietet gute und gefahrlose Möglichkeiten zum Schwimmen.

2 Angelokastro

Angelokastro 111

Die Festung (13. Jh.) liegt auf einer exponierten Felsformation, dadurch war sie einst uneinnehmbar. Heute bietet sie atemberaubende Ausblicke: An einem schönen Tag ist auf der anderen Seite der Insel sogar die Alte Festung von Korfu-Stadt zu erkennen. Bei Gefahr wurden früher Warnsignale von Burg zu Burg geschickt.

Die byzantinische Festung Angelokastro thront spektakulär auf einem Felsen

Über die frühe Geschichte der Festung ist nichts Genaues bekannt. Ihren Namen verdankt sie Michael II. Angelos Komnenos, dem Despoten von Epirus, der im 13. Jh. auf Korfu herrschte. Er vollendete auch die Burg, die vermutlich aus Verteidigungsgründen gebaut wurde und vor Überfällen genuesischer Piraten schützen sollte.

1571, als die Insel unter der Herrschaft der Venezianer stand, versuchten die Türken mehrmals – vergeblich – hier einzufallen; die Dorfbewohner flüchteten sich dann in die Festung. Schließlich wurden die Türken zurückgeschlagen. Korfu war der einzige Teil Griechenlands, der nie unter die Herrschaft der Türken geriet, entsprechend wurden auch die Mauern der Festung nie beschädigt.

Dennoch ist heute überraschend wenig erhalten. Der Zahn der Zeit und die fehlende Pflege schafften, was keine feindliche Armee zustande gebracht hatte. Zu sehen sind noch eine gut erhaltene Zisterne, ein paar Zellen und eine Kapelle am höchsten Punkt. Zu den Ruinen läuft man gut eine halbe Stunde, der Spaziergang ist für Gehbehinderte allerdings mühsam.

KLEINE PAUSE

Beim Parkplatz befindet sich eine **Taverne** (€), die ganzjährig offen hat.

182 B3
Krini ⏱ Mai–Sept. tägl. 8.30–15 Uhr 🍴 Taverne in der Nähe 🚻 keiner
mittel ❓ Fotografieren erlaubt

DIAPONDIA-INSELN: INSIDER-INFO

Top-Tipps: Zur **Festung** fährt man von Palaikastritsa gen Norden und biegt dann von der Hauptstraße nach links zum Dorf Kríni ab.
• Ein **Fernglas** lohnt sich: die Aussicht ist grandios!

Der Nordwesten und das Landesinnere

3 Palaikastritsa

Die Schönheit von Palaikastritsa (Paleokastritsa) ist legendär. Schon im 19. Jh. ließ der britische Lordhochkommissar Sir Frederick Adam eine Straße bauen, damit er von Korfu-Stadt besser hinfahren konnte. Auch wenn sich der Ort zu einem beliebten Reiseziel entwickelt hat, blieb die Natur hier bis heute nahezu unberührt.

Oben:
Palaikastritsa

Hohe Klippen fallen zum Meer hin ab, Meeresarme mit dunkelblauem Wasser setzen zwischen den bewaldeten Landzungen Akzente. Am Ufer gibt es Sandstrände mit Felsen. Den schönsten Blick genießt man von der sich oberhalb dahin schlängelnden Hauptstraße; leider gibt es allerdings nur wenige Stellen, an denen man gefahrlos anhalten kann. Am günstigsten ist es, in einer der Tavernen einzukehren, zum Beispiel in das *Bella Vista* bei Lakones oder ins *Golden Fox* (► 122): Von dort lässt sich die Szenerie in aller Ruhe genießen. Beim Abbiegen von der Hauptstraße und der Fahrt hinunter nach Palaiokastritsa fallen die vielen Restaurants, Geschäfte, Hotels und Villen ins Auge – nach der Fahrt durch die Wälder eine Überraschung, denn von oben wirkt der Ort wie ein Juwel.

Doch im Zentrum ist die Stadt immer noch etwas Besonderes, auch wenn es hier durch die vielen Urlauber und Tagesausflügler hoch hergeht. Die meisten kommen, um in einer der drei Badebuchten zu baden oder Wassersport zu treiben oder um an den Schiffsausflügen teilzunehmen. Ausflugsboote fahren zu den Grotten, die die Brandung aus den Felsen entlang der Küste herauserodiert haben.

Palaikastritsa 113

Kloster Theotokos

Die zweite Attraktion ist das Kloster, das am Ende einer kurvenreichen Straße oben auf einer Landzunge im Norden der Hauptbucht liegt. Ein erstes Kloster in dieser spektakulären Lage gab es schon mindestens seit 1228, das heutige Gebäude inmitten von Kiefernwäldern stammt hauptsächlich aus dem 17. und 18. Jh. Neben der Kirche steht ein kleines, aber feines Museum in der alten Olivenpresse, sehenswert ist auch der herrliche Garten vor dem Eingang zur Kirche, in dem Rosen, Lilien und andere bunte Blumen blühen.

Rechts: Ein Ausschnitt aus dem Altargemälde im Theotokos Kloster

KLEINE PAUSE

Das *Skeloudi Restaurant* direkt am Eingang zum Kloster bietet sich an, wenn man etwas trinken oder eine kleine oder große Mahlzeit essen möchte.

Kloster
- 182 B3
- tägl. 7–13, 15–20 Uhr
- Café in der Nähe
- frei
- Taxi ab Palaikastritsa, Fotografieren erlaubt

PALAIKASTRITSA: INSIDER-INFO

Top-Tipps: Die Suche nach der passenden **Übernachtung** ist schwierig, da man an der kurvenreichen und viel befahrenen Straße schlecht anhalten kann. Am besten überlegt man sich im Voraus, ob man näher zum Meer hin wohnen will oder nicht, und sucht sich dann einen Parkplatz. Zu Fuß ist man schneller unterwegs und kann leichter stehen bleiben.

• Je näher man zum Meer hinunter kommt, desto schwieriger wird das Autofahren. Vor der letzten Kurve zum Meer ist ein **Parkplatz**, auf dem man halten sollte.

• Es gibt viele Taxis, die nonstop Gäste zum Kloster und zurück transportieren, aber wer halbwegs fit ist, schafft den Weg in 10 bis 15 Minuten **zu Fuß**.

Geheimtipp: Im kleinen Klostermuseum werden alte **Landurkunden** von 1494 gezeigt, sie befinden sich in einer Vitrine am Haupteingang.

Der Nordwesten und das Landesinnere

Nach Lust und Laune!

4 Peroulades

Auf Korfu herrscht sicher kein Mangel an Tavernen mit schönem Blick auf den Sonnenuntergang, einer der schönsten bietet aber Peroulades. Auch der kleine Strand hier ist malerisch; er erstreckt sich unterhalb der dramatischen roten Steilklippen des Kap Drastis. Im nahegelegenen Dorf Avliotes finden sich fotogene pastellfarben gestrichene Häuser mit bunten Fensterläden und Blumentöpfen. Auf den Klippen gibt es mehrere Tavernen, bei Weitem die beste ist allerdings *Panorama* direkt über den Klippen.

182 B5 | **Restaurants und Tavernen** | **grüner Bus ab Korfu-Stadt nach Avliotes**

5 Agios Stefanos

Die eigentliche Attraktion hier ist der weitläufige Sandstrand, der sich um die Bucht bis zu den dramatischen Klippen von Peroulades im Norden erstreckt. Kein Wunder, dass das hübsche Fleckchen Erde zu einem lebhaften Ferienort avanciert ist. Auch die Wassersportmöglichkeiten sind gut. Das Angebot an Abendunterhaltung ist nicht schlecht, hier geht es allerdings gemäßigter zu als in anderen Orten zu. Es gibt viele Lokale und Geschäfte, außerdem Möglichkeiten zum Reiten und Tauchen und Ausflugsfahrten zu den Diapondia-Inseln (▶ 108ff).

182 A4 | **Restaurants, Kneipen und Cafés** | **grüner Bus ab Korfu-Stadt**

6 Arillas

Der Ort versteckt sich im Nordwesten der Insel und ist recht klein, aber hübsch und besonders bei Familien beliebt. Der Strand ist schmal und sandig, hier kommen Windsurfer auf ihre Kosten, denn vom offenen Meer her weht ein starker Wind. An beiden Enden des Strands ragen hohe Landspitzen auf, die eine schöne Kulisse bilden. Im Inland wurde ein Gehöft mit mehreren Gebäuden und den dazu gehörigen Gärten und Feldern in den Arillas Heritage Walk (www.arillas.com/heritagewalk) einbezogen. Der ausgeschilderte Wanderweg gibt einen Einblick in das ländliche Korfu wie es war und ist. In den Geschäften im Dorf liegen Infos aus.

182 A4 | **Restaurants, Kneipen und Cafés** | **grüner Bus ab Korfu-Stadt**

7 Afionas

Wer das Dorf mit seinem Kopfsteinpflaster und den verwinkelten Gassen zwischen den weiß getünchten Häusern erreicht, glaubt in eine andere Welt einzutauchen: Der Ort thront oben auf einer Landspitze mit herrlichem Blick über die Bucht. Nach dem Bummel durch das Dorf kommt eine Landspitze mit einem traumhaften Ausblick auf die Bucht. Am besten parkt man am Ortseingang, die Dorfstraße ist eine Sackgasse. Zu sehen gibt es eine Kirche, ein Café, ein Lokal, einen hervorragenden Olivenladen – *Oliven und Mehr* (▶ 123) – sowie

Nach Lust und Laune! 115

Lauschige Ecke im Dorf Afionas

viele gepflegte Häuser, die jedes Fotografenherz höher schlagen lassen.
🗺 182 A4 🍴 Taverne und Café
🚌 grüner Bus ab Korfu-StadtTown

8 Agios Georgios
Der Ort im Nordwesten hat etwas Ähnlichkeit mit seinem Namensvetter im Süden, ist aber viel freundlicher und weniger kommerzialisiert. Der 2 km lange Sandstrand lockt Familien an, denn hier können die Kinder gefahrlos im Meer baden. Dank des starken Windes kommen auch die Surfer auf ihre Kosten. Wassersportler können sich Boote ausleihen, Wasserski und Jetski fahren sowie Ausflüge nach Agios Stefanos und nach Palaikastritsa unternehmen.
🗺 182 B3 🍴 Restaurants, Kneipen und Cafés
🚌 grüner Bus ab Korfu-Stadt

9 Makrades
Der Ort ist ein Kunsthandwerkszentrum (Stickerei, Teppiche und Keramik), außerdem werden Spezialitäten und Wein verkauft – leider sind die Händler hier manchmal recht aufdringlich. Da ganze Busladungen von Urlaubern ins Dorf einfallen, kann es sehr voll werden. Wer nach dem ersten negativen Eindruck dennoch durch den Ort bummelt, findet das Bergdorf ganz nett. Über die mit Kopfstein gepflasterten Gassen geht es an weiß getünchten Häusern entlang bergauf und bergab – fast jeder verirrt sich hier einmal.

Wer nichts kaufen möchte, sollte während der Siesta durch die Gassen bummeln: Dann machen die Händler Pause und man hat das Dorf quasi für sich allein.
🗺 182 B3 🍴 Tavernen und Cafés
🚌 grüner Bus ab Korfu-Stadt

10 Lakones
Zum Dorf führt eine schmale, kurvenreiche Straße, die von Palaikastritsa Richtung Norden landeinwärts verläuft. Wer fit ist und gerne (bergauf) wandert, läuft die 5 km ab Palaikastritsa zu Fuß. Lakones ist vom Tourismus bisher ziemlich unberührt geblieben, da die Hauptküstenstraße am Ort vorbei führt. Der Blick ist herrlich – vor allem beim Spaziergang auf der Straße in Richtung Restaurant *Bella Vista* und zum Hotel und Restaurant *Golden Fox* (▶ 122) gleich in der Nähe.
🗺 182 B3 🍴 Restaurants, Kneipen und Cafés
🚌 grüner Bus ab Korfu-Stadt

Der Nordwesten und das Landesinnere

🟦 Doukades

Für viele Touristen definiert sich Korfu durch seine Ferienorte am Meer. Unternehmungslustige erleben in den Bergen jedoch noch ein ganz anderes Korfu. Das Bergdorf Doukades ist vielleicht nicht einmal das schönste, hat aber einen ganz besonderen Charakter – vor allem dank seiner Lage inmitten der Berge und der ländlichen Umgebung. Da die Straßenkreuzungen nicht immer eindeutig ausgeschildert sind, ist es nicht ganz einfach, in die Ortsmitte zu finden. Am winzigen Hauptplatz wartet dann aber die Kirche der hl. Jungfrau Mesochoritissa, die sehr sehenswert ist. In einer der Tavernen – z.B. im *Elizabeth* (➤ 121) – kann man sich nach dem Weg zur Kapelle St. Simeon erkundigen, sie ist ein schöner Ausgangspunkt für Wanderungen.

✚ 182 C3 🍴 Tavernen
🚌 grüner Bus ab Korfu-Stadt bis Palaikastritsa; Haltestelle am Abzweig nach Doukades, von dort zu Fuß

🟦 Ropa-Ebene

Die fruchtbare Ropa-Ebene im Zentrum der Insel bietet eine schöne (und ruhige) Abwechslung vom Trubel an der Küste. Neben dem bekannten und beliebten Wasserpark Aqualand steht hier vor allem die Landschaft im Mittelpunkt: Die von Hügeln umgebene Ebene wird von Weingärten, Getreidefeldern, grasenden Kühen und Olivenhaine geprägt. Am besten erschließt sich ihre Schönheit, wenn man hier Golf spielt, einen Ausritt unternimmt oder zu einer Fahrradtour aufbricht. Das Radfahren ist dank der fehlenden Steigungen und dem geringen Verkehr ein Genuss.

✚ 183 D2 🍴 Cafés in den Dörfern der Umgebung
🚌 grüner Bus ab Korfu-Stadt nach Palaikastritsa; er fährt an der Ropa-Ebene vorbei

Spaß für die ganze Familie gibt es im Aqualand, in der Nähe von Ermones

Spielende Kinder in den Gassen von Doukades

Aqualand
🕐 Mai–Juni und Sept. bis Okt. tägl. 10–18, Juli–Aug. tägl. 10–19 Uhr 💶 teuer

Nach Lust und Laune! 117

Der abgeschiedene Strand von Myrtiotissa

🔟 Ermones

Zwei Landzungen rahmen den wunderschönen Kieselstrand ein, der vom Fluss Ropa in zwei Hälften geteilt wird. Die Bucht wird vom Ermones Beach Hotel dominiert. Eine hoteleigene Seilbahn bringt die Gäste zum Strand hinunter und wieder zurück. Die Schwimmbedingungen sind hier für Kinder nicht ideal, da es gleich steil ins Wasser geht. Sportler können paragliden, surfen und tauchen.
✚ 182 C2
🍽 mehrere Lokale in der Nähe
🚌 grüner Bus ab Korfu-Stadt nach Vatos

🔟 Vatos

Auch Vatos im Inselinneren konnte sich viel von seinem ursprünglichen Charme bewahren, obwohl es nur 2 km vom beliebten Ferienort Ermones entfernt liegt. Wer vom unteren Teil des Ortes bergauf läuft, kommt in den beschaulichen alten Dorfkern mit schmucken Häusern, einem einsamen Laden (der zugleich als Café fungiert) und einer Kirche aus dem 13. Jh. Sie ist Agios Nikolaos geweiht.
✚ 182 C2
🍽 Café/Geschäft
🚌 grüner Bus ab Korfu-Stadt

Der Nordwesten und das Landesinnere

15 Myrtiotissa

Lawrence Durrell bezeichnete Myrtiotissa (Mirtiotissa) als einen der schönsten Strände auf Erden, was vielleicht eine poetische Übertreibung ist, aber herrlich ist der Sandstrand vor der Kulisse der Steilklippen und den aus dem leuchtend blauen Meer aufragenden Felsen allemal. Heute ist die Anreise einfach: Eine Straße führt zum Strand, der dadurch aber auch viel von seiner einstigen Ruhe und Idylle verloren hat. Wirklich überlaufen ist der Ort aber auch heute noch nicht. Das Südende des Strands ist bei FKK-Fans beliebt, im Sommer sorgen einige kleine Snackbars für Getränke und etwas zu Essen. Oberhalb des nördlichen Endes der Bucht steht ein Kloster.

☩ 183 D1 🍴 Restaurant in der Nähe, Imbiss im Sommer 🚌 grüner Bus ab Korfu-Stadt nach Vatos

16 Glyfada

Eine steile Straße schlängelt sich zum Strand von Glyfada (Glifada) hinunter, der zu den schönsten auf Korfu zählt. Der breite Sandstrand scheint sich endlos in beide Richtungen zu erstrecken – das gilt auch für die vielen Sonnenanbeter, die sich am Wochenende und an den griechischen Feiertagen hier erholen und die Tavernen und Kneipen bevölkern.

Der traumhafte goldene Sandstrand von Glyfada

Wer länger bleiben möchte, findet in einem der Hotels und Apartments oder in einer der großen Ferienanlage ein Quartier. In den Sommernächten geht in den Kneipen lautstark die Post ab.

☩ 183 D1 🍴 Tavernen 🚌 grüner Bus ab Korfu-Stadt

17 Pelekas

Das Dorf hat sich einen Namen durch den »Kaiserthron« gemacht – einen Aussichtspunkt, der Kaiser Wilhelm II. besonders gut gefiel. Er ließ sich von seinem Archilleion-Palast oft hierher fahren, um das atemberaubende Panorama zu genießen. Vom Kaiserthron schaut man in alle Himmelsrichtungen kilometerweit über die Insel, was natürlich bei Sonnenuntergang seinen ganz besonderen Reiz hat – trotz steilem Aufstieg.

Als Korfus einziger ausgebauter Urlaubsort im Landesinneren bietet er einige Übernachtungs- und Speisemöglichkeiten, aber bis zum Massentourismus ist es zum Glück noch ein langer Weg.

☩ 183 D1 🍴 Tavernen und Cafés 🚌 blauer Bus ab Korfu-Stadt

Wohin zum ...
Übernachten?

Preise
Für ein Doppelzimmer pro Nacht in der Hochsaison gelten folgende Preise:
€ unter 80 Euro   €€ 80–130 Euro   €€€ über 130 Euro

AGIOS STEFANOS

Nafsika €
Das beste Hotel des Orts mit Blick auf die Südende des Strands bietet bequeme Zimmer mit eigenem Bad und Balkon. Zudem finden die Gäste hier einen Pool und ein Restaurant mit Bar, in dem leckere Speisen serviert werden und das sich gut als Treffpunkt eignet.
✚ 182 A4
✉ Agios Stefanos
☎ 26630-51051;
www.nafsikahotel.com
⊗ geschl. Nov.–März

GLYFADA

Louis Grand Hotel €€€
Ein großer Name und ein nicht minder großartiges Ambiente: Das *Louis* ist ein Luxushotel mit Stil. Es hat 15 Suiten und 246 Zimmer, wobei selbst ein ganz normales Zimmer hier locker doppelt so groß ist wie ein Zimmer anderswo. Der Garten reicht bis zum Strand hinunter, Sport- und Wassersporteinrichtungen sind vorhanden, außerdem diverse Restaurants und Bars.
✚ 183 D1 ✉ Glyfada Beach
☎ 26610-94140; www.louishotels.com
⊗ geschl. Nov.–März

LAKONES

Golden Fox €€
Das *Golden Fox* ist eines der am schönsten gelegenen Hotels auf Korfu. Es steht auf einer Landzunge nördlich von Palaikastritsa und hat ein atemberaubendes Panorama. Die elf Doppelzimmer haben alle eine traumhafte Aussicht, Kühlschrank, TV und Telefon. Ein Laden, ein hervorragendes Restaurant (▶ 122) sind ebenfalls vorhanden. Kein Wunder, dass das *Golden Fox* viele Stammgäste hat.
✚ 182 B3 ✉ Lakones
☎ 26630-49101; www.corfugoldenfox.com
⊗ geschl. Nov.–Feb.

LIAPADES

Elly Beach €
Die kleine Bucht von Liapades bildet die hübsche Kulisse für das reizende kleine Hotel in den Hügeln gleich hinter dem Strand. Es bietet seinen Gästen einen Meer- und einen Süßwasserpool sowie zwei Restaurants und Bars drinnen und draußen. Die 44 Zimmer liegen in Bungalows, die sich unter Palmen auf dem Gelände verteilen.
✚ 182 C3 ✉ Liapades ☎ 26630-41455
⊗ geschl. Nov.–April

Papoulas Apartments €€
Das 1980 eröffnete Haus mit 15 Zimmern wird seit der Modernisierung hervorragend gepflegt. Es hat einen relativ großen Pool, eine Bar und Terrasse; Palmen und rote Geranien tragen zur fröhlichen Atmosphäre bei. Die Zimmer sind recht klein, haben aber alle einen Balkon – und sind recht günstig.
✚ 182 C3 ✉ Liapades ☎ 26630-41445
⊗ geschl. Nov.–April

PALAIKASTRITSA

Akrotiri Beach Hotel €€€
Das Hotel liegt herrlich an einem bewaldeten Hang mit Blick über eine der schönen Buchten von Palaikastritsa. Ein Pfad führt zum

Der Nordwesten und das Landesinnere

Kieselstrand hinunter, der verschiedene Wassersportmöglichkeiten bietet. Bis zum Dorf ist es nur ein kurzes Stück zu Fuß, aber wem das noch zu viel ist, der bleibt eben in der Anlage mit ihren diversen Pools, Restaurant, Bar, Tennisplätzen und Laden.

+ 182 B3
✉ Palaikastritsa
☎ 26630-41237 (Nov.–März 26610-20708); www.akrotiri-beach.com
⊕ geschl. Nov.–März

Fundana Villas €€

Die Villen liegen in herrlicher Lage mit Blick über das Ropa-Tal rund 4 km von Palaikastritsa entfernt. In dem venezianischen Anwesen aus dem 17. Jh. lebte einst ein Künstler, inzwischen wurde es umgebaut und bietet nun drei Studios, sieben Bungalows und zwei Suiten. Dazu kommen noch ein kleines Museum, eine Bar und eine Bibliothek.

+ 182 B3
✉ Palaikastritsa
☎ 26630-22532; www.fundanavillas.com
⊕ geschl. Nov.–Feb.

Palaikastritsa Hotel €

Das hübsche Hotel liegt nur 150 m vom Sandstrand entfernt, bietet einen schönen Blick über die Bucht und ist trotzdem erschwinglich. Die 163 Zimmer haben alle eine Klimaanlage; dazu gibt es einen Pool, ein Restaurant, eine Bar, einen Dachgarten, einen Tennisplatz und zahlreiche Aktivitäten für die kleinen Gäste.

+ 182 B3
✉ Palaikastritsa
☎ 26630-41207/22117;
www.hotels-corfu.org/paleo.htm
⊕ geschl. Nov.–März

PELEKAS

Levant Hotel €€

Das romantische Hotel direkt am Kaiserthron (▶ 118) bietet den gleichen herrlichen Blick wie der Aussichtspunkt. Die Olivenhaine ziehen sich bis zum Meer hinunter, zur beschaulichen Atmosphäre tragen auch die insgesamt nur 25 Zimmer bei. Die Einrichtung wirkt altmodisch und romantisch zugleich, alle Zimmer sind aber modern ausgestattet (TV, Direktwahltelefon). Zum Hotel gehören ein Pool, ein Restaurant und eine Terrasse.

+ 183 D1
✉ Pelekas
☎ 26610-94230/94335;
www.levanthotel.com
⊕ geschl. Nov.–März

Pelecas Country Club €€€

Der ultraschicke Club im Landhausstil hat einen Hubschrauberlandeplatz, Ställe für Gästepferde und natürlich eigene Pferde. Es gibt nur elf Zimmer, darunter vier Suiten, auf dem 25 ha großen Areal, das mit alten Olivenbäumen bestanden ist. Alle Zimmer im Anwesen aus dem 18. Jh., in der ehemaligen Olivenpresse und in weiteren Hofgebäuden sind mit Antiquitäten möbliert. Sehr edel.

+ 183 D1
✉ Pelekas
☎ 26610-52239; www.country-club.gr
⊕ geschl. Nov.–März

PEROULADES

Villa de Loulia €€–€€€

Das Herrschaftshaus auf dem Land wurde 1803 gebaut und zählt noch heute zu den luxuriösesten auf Korfu. Die Villa gehört Loukia Mataragka, die das Hotel auch managt. Ihr Großvater lebte hier; er stammte aus einer der vornehmsten Familien Korfus. Loukia hat es sich zum Ziel gesetzt, das Flair der guten alten Zeit zu bewahren. Die Zimmer haben deshalb auch keine Klimaanlage, sondern sind mit Ventilatoren ausgestattet. Eine Heizung wärmt in der Übergangszeit. Die Zimmer sind traditionell und elegant möbliert. Da es nur neun Apartments sind, können sich die Eigentümer den Luxus erlauben, in einem separaten modernen Gebäude zu jeder Zeit das ausgezeichnete Frühstück zu servieren. Dort finden sich auch eine gute Bar und sogar eine Lounge. Der Pool liegt in idyllischer Umgebung.

+ 182 B5
✉ Peroulades
☎ 26630-95394; www.villadeloulia.gr
⊕ geschl. Nov.–Feb.

Wohin zum ...
Essen und Trinken?

Preise
Die Preise gelten pro Person für ein Drei-Gänge-Menü ohne Getränke und Trinkgeld:
€ unter 15 Euro €€ 15–25 Euro €€€ über 25 Euro

AGIOS GEORGIOS

Fisherman €€
Das *Fisherman* in traumhafter Lage hat in den 1970er-Jahren eröffnet und zählt zu den ungewöhnlicheren Lokalen der Insel. Bis heute gibt es weder Telefon noch Strom. Hinter dem Strand weist ein Schild in Richtung Olivenhaine. Fisch steht hier im Mittelpunkt, doch das Besondere ist das Ambiente.
🗺 182 B3
📍 Agios Georgios
🕐 Ostern–Okt. tägl. Mittag- und Abendessen

Ostrako €€
Die Wände dieser lebendigen Taverna direkt über dem Südende des Strands wurden von einem einheimischen Maler schön gestaltet. Serviert wird eine breite Palette von Fisch und Meeresfrüchten.
🗺 182 B3 📍 Agios Georgios
📞 26630-96028
🕐 Mai–Okt. tägl. mittags und abends

AGIOS STEFANOS

O Manthos €€
Seit der Eröffnung 1976 kocht hier der Besitzer ausschließlich mit frischen Zutaten. Auf den Tisch kommen traditionelle korfiotische und griechische Gerichte, aber auch internationale Speisen, z.B. Lachs mit Knoblauch, Paprika und Pilzen, der im Ofen gegart wird. Spezialität des Hauses ist der Krebs in einer Soße aus Tomaten, Zwiebeln und Paprika mit Spagetti.
🗺 182 A4
📍 Agios Stefanos
📞 26630-52197
🕐 tägl. 9–24 Uhr

Symposium €€
Die Besitzer dieses beliebten und trendigen Restaurants, das auch beleuchtete Tische im Innenhof besitzt, bieten antikes griechisches Geschirr für ihre Menüs. Interessante Spezialitäten sind beispielsweise Krabben in Aprikosensoße mit Pinienkernen und Korinthen.
🗺 182 A4
📍 Agios Stefanos
📞 693-773 5595
🕐 geschl. Nov.–März

DOUKADES

Elizabeth's €
Vom gut ausgeschilderten Parkplatz in Doukádes geht es zu Fuß zum beliebten Lokal am Hauptplatz hinauf. Die Gaststube innen ist groß, an den Wänden stehen unzählige Flaschen. Draußen hat nur eine Reihe Tische Platz, denn es müssen auch Touristenbusse und auch einmal ein Traktor durchpassen. Am ruhigsten geht es später am Abend zu, wenn der Verkehr nachlässt. Serviert werden leckere griechische Gerichte, manchmal auch *pastitsada*.
🗺 182 C3
📍 Doukades
📞 26630-41728
🕐 tägl. Mittag- und Abendessen

ERMONES

Nausika €
Das *Nausika* hat eine herrliche Lage mit Blick auf den Strand und gehört zum Ermones Gulf Palace

Der Nordwesten und das Landesinnere

Hotel. Tische stehen sowohl drinnen als draußen, alle Gerichte sind frisch und hausgemacht. Bekannt ist das Lokal für seine Moussaka; sie wird für jeden Gast gesondert im Tontopf zubereitet. Die Portionen sind groß und trotzdem leicht.

+ 182 C2
✉ Ermones
☎ 26610-94236/94226
⏱ Mai–Okt. tägl. 8 bis 14 Uhr

KINOPIASTES

Trypas €€€

Hier hat man einmal nicht die Qual der Wahl, denn es gibt nur ein Menü. Das Essen ist so lecker, dass die Korfioten das ganze Jahr über hierher kommen, im Sommer werden bis spät in der Nacht griechische Tänze vorgeführt. Hierzu reisen jährlich die besten Tanzgruppen auch aus Griechenland an und bieten ein spektakuläre Show. Eine Reservierung wird empfohlen.

+ 183 E1
✉ Kinopiástes
☎ 26610-56333
⏱ tägl. nur Mittagessen; Mitte Nov. bis Mitte Dez. geschl.

LAKONES

Golden Fox €€

Vom spektakulär gelegenen Restaurant genießen die Gäste einen herrlichen Blick über die Bucht von Palaikastritsa; das Restaurant gehört zum gleichnamigen Hotel (▶ 119). Essen und Service sind hervorragend, wer über die Stränge schlagen will, bestellt sich die Hummerspagetti, doch auch die günstigeren Alternativen wie *sofríto* und Spagetti mit Hähnchen schmecken gut.

+ 182 B3
✉ Lakones
☎ 26630-49101;
www.corfugoldenfox.com
⏱ tägl. Mittag- und Abendessen

PALAIKASTRITSA

Vrahos (Der Felsen) €€–€€€

Das Vrahos liegt unterhalb einer der zerklüfteten Landspitzen von Palaikastritsa in perfekter Lage auf einem Felsen, von dem es auch seinen Namen hat. Von der langen schmalen Terrasse mit ihren vielen Sitzplätzen bietet sich ein traumhafter Blick über den Hafen, innen stehen weitere Tische. Die Speisekarte bietet die üblichen griechisch-korfiotischen Gerichte. Die große Zahl an Einheimischen, die hier regelmäßig zu Gast sind, spricht für den Besuch.

+ 182 B3
✉ Palaikastritsa
☎ 26630-41233
⏱ Ostern–Okt. tägl. Mittag- und Abendessen

PELEKAS

Jimmy's €

Seit über 25 Jahren führen Jimmy und seine Frau Georgia das traditionelle Lokal. Der nette Familienbetrieb wird oft von Wandergruppen besucht. Zu den traditionellen korfiotischen Gerichten zählen *stifado* und *sofríto*, die nach alten Familienrezepten zubereitet werden und deshalb etwas anders als sonst schmecken. Man sollte sie unbedingt probieren.

+ 183 D1
✉ Pelekas
☎ 26610-94284
⏱ tägl. Mittag- und Abendessen

Pink Panther €–€€

Diese freundliche Taverne an der Straße nach Vatos hat eine Terrasse mit schöner Aussicht über das letzte Tal vor dem Meer. Neben den üblichen Grilltellern und Salaten haben viele der Gerichte, die hier serviert werden, einen erfrischenden Pfeffergeschmack und der halbtrockene Fasswein ist hervorragend.

+ 183 D1
✉ Pelekas
☎ 26610-94360
⏱ Apr.–Okt. und an manchen Wochenenden im Winter mittags und abends

Wohin zum ...
Einkaufen?

KUNST UND KUNSTHANDWERK

Kir Art (Tel. 26630-51925) in Alfionas an der Straße nach Agios Georgios ist ein Atelier mit Galerie; der Künstler verkauft seine eigenen Bilder sowie Arbeiten aus Holz und Metall.

Im Bergdorf Agros weiter östlich liegt die Möbelwerkstatt **Korakianitis** (Tel. 26630-71214). Hier werden die Möbel der Einheimischen geschreinert, außerdem Kopien typischer Antiquitäten gefertigt, die man sich per Schiffsfracht nach Hause liefern lassen kann.

In Lakones liegt in den **Golden Fox Apartments** ein Geschäft (Tel. 26630-49108, tägl. Mai–Okt. 9–18/19 Uhr), das Kunst und Kunsthandwerk in Korfu – z.B. Schalen aus Olivenholz, bunte handgewebte Läufer, zarte Spitzen und Stickerei und alles Mögliche an inseltypischen Spezialitäten und Getränken – verkauft. Etwa 95 % der Waren fertigen die Frauen aus dem Dorf in Handarbeit, entsprechend teuer sind die aufwändigen Stücke, an denen häufig bis zu vier Monaten gearbeitet wird.

Einige Stickereien und Kissenbezüge stammen von der Großmutter der Familie, die das Golden Fox betreibt. Die Mutter kümmert sich um den Laden und erklärt gern, wie alles gefertigt wird, wie lang die Arbeit gedauert hat und welche Designs neu sind.

In der Nähe hat sich das Dorf Makrades in einen großen Kunsthandwerksmarkt verwandelt: Die Straßen sind von Ständen gesäumt, an denen Teppiche, Spitzen, Stickerei, Pullis, bunte Töpfereiwaren und so ziemlich alles, was sonst noch auf der Insel hergestellt wird, angeboten werden. Es lohnt sich nachzufragen, ob die Sachen wirklich aus Korfu stammen. Die Händler sind teilweise etwas aggressiv und versuchen mit allen Mitteln, Kunden in ihren Laden zu lotsen.

Wer nicht in die Nähe von Agios Stefanos wohnt, sollte einen Abstecher zum folgenden Geschäft machen: **Vitro** (Tel. 26630-51384, www.lichtquellen.com, Vor- und Nachsaison 10–21 Uhr, in der Hochsaison bis 23 oder 24 Uhr, Nov.–Ostern geschl.) gehört der deutschen Künstlerin Perdita Mouzakiti, die vor 25 Jahren nach Korfu zog und hier nun einfallsreiche Kunst aus Glas herstellt. Beim Eintritt in den Laden meint man auf einem Regenbogen zu spazieren: Spiegel, Bilderrahmen, Schmuck, Lampenschirme und sogar Kaffeetische schillern in leuchtenden Farben, sind aus Buntglas oder haben zumindest entsprechende Inlays. Viele der qualitativ hochwertigen Arbeiten wurde man eher in Städten wie Berlin, Paris oder London als in einem Dorf auf Korfu vermuten.

LEBENSMITTEL

Von Palaikastritsa landeinwärts fahrend, verkauft in Lipades das **Agrotiki Kerkyras** (Tel. 69778-73960) eine große Auswahl an lokalen Produkten sowie Honig, Wein, Kumquatlikör, Olivenöl, Nougat, Kräutern und Gewürzen. Einige Lebensmittel dürfen sogar vor dem Kauf probiert werden.

In Afionas liegt der reizende Laden **Oliven & Mehr** (Tel. 26630-52081, www.olivenundmeer.de, Mitte April–Okt. tägl. 10.30–14, 15–21 Uhr). Das Geschäft wurde auch in die Rubrik Kunsthandwerk passen, denn es werden auch Keramik, Leinen, Tischdecken und Küchenartikel verkauft – wobei alles irgendwie mit Oliven zu tun hat. Und natürlich gibt es auch hervorragende Olivenöle sowie grüne und schwarze Olivenpaste, die der Eigentümer selbst produziert. Das Brot darf probiert werden. Auch Kosmetikprodukte und Seifen aus Oliven sind hier zu bekommen.

Der Nordwesten und das Landesinnere

Wohin zum ... Ausgehen?

In dieser Ecke von Korfu gibt es, von Palaikastritsa einmal abgesehen, keine großen lebhaften Ferienorte, und im Vergleich zu Kavos oder Kassiopi verläuft das Leben hier sehr ruhig. Dennoch kann man viel unternehmen, wenn auch die Auswahl an Diskos und Nachtclubs nicht so groß wie sonst auf der Insel ist.

KNEIPEN UND CLUBS

In Palaikastritsa ist das **La Grotta** (Tel. 26630-41006) eine sehr beliebte Café-Bar, die sich in einer hübschen Felshöhle versteckt und ganztägig Essen und Getränke anbietet. Gegenüber vom Palaikastritsa Hotel führen ein paar Treppen hinunter.

In Glyfada hat der **Aloa Beach Club** (Tel. 26610-94380) den ganzen Tag über bis abends geöffnet; es gibt Strandeinrichtungen und Essen mit musikalischer Untermalung.

Außerhalb von Glyfada liegt an der Straße ins ansonsten sehr ruhige Pelekas der umtriebige **Banana Club**; im Sommer legen die DJs die ganze Nacht durch auf. In Pelekas selbst ist das auffällig gestrichene **Zanzibar** ein guter Ort für Cocktails und klassischen Rock oder Weltmusik.

SPORT

Das Angebot an Aktivitäten ist breit gefächert, die Urlauber haben die große Auswahl zwischen Wassersportarten, Bootstouren, Reiten und Golf.

Wassersport

In allen größeren Ferienorten kann man Wassersport treiben, meist sogar auch an den kleineren Stränden. Wo ein potenzieller Kunde ist, ist sofort jemand zur Stelle, der etwas anzubieten hat.

Eines der besten Wassersportzentren ist Palaikastritsa. Hier bietet das von Deutschen betriebene **Korfu Diving Center** (Tel. 26630-41604) Tauchunterricht an. Boote bringen die Taucher zu verschiedenen Tauchrevieren; es werden nächtliche Tauchgänge und – für Erfahrene – auch Tauchgänge in Höhlen angeboten. Auch Anfänger können hier erste Taucherfahrungen sammeln.

Viele Urlaubsorte im Nordwesten der Insel bieten Windsurfen an, ideale Bedingungen herrschen an der offenen Westküste. Gute Zentren haben sich in Agios Stefanos, Arillas, Agios Georgios, Palaikastritsa, Ermones und Glyfada etabliert.

Golf

Der einzige Golfplatz der Insel – **Corfu Golf Club** (Tel. 26630-94220; www.corfugolfclub.com) in der Ropa-Ebene – bietet 18 Löcher und gilt als einer der besten Europas. Der Platz steht auch Nichtmitgliedern offen, die Ausrüstung kann geliehen werden. Auch professioneller Unterricht wird angeboten. Der Golfplatz liegt in der Ropa-Ebene an der Straße von Ermones nach Korfu-Stadt.

Reiten

Neben dem Golf Club liegen die **Ropa Valley Riding Stables** (www.corfuxenos/gr/sports/ropavalley.htm). Das herrliche Ropa-Tal eignet sich hervorragend zum Reiten. Führer zeigen die schönsten Plätze, die auf eigene Faust nicht so leicht zu finden sind.

Aqualand

Der beste Wasserpark (▶ 116) auf Korfu ist mit seinen zahlreichen Rutschen und Attraktionen ein Magnet für griechische und ausländische Touristen gleichermaßen. Er liegt im Tal Ropa, in der Nähe von Agios Ioannis, und ist von Korfu-Stadt aus mit dem blauen Bus Linie 8 bzw. von den größeren Urlaubsorten aus mit Ausflugsbussen zu erreichen.

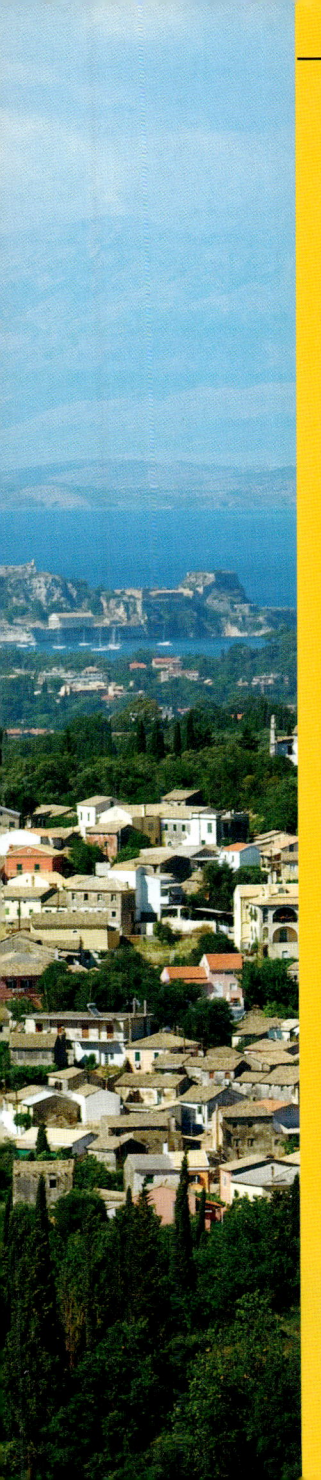

Der Süden

Erste Orientierung 126

In drei Tagen 128

Nicht verpassen! 130

Nach Lust und Laune! 136

Wohin zum ... 143

Der Süden

Erste Orientierung

Im Süden von Korfu gibt es mehr Geheimtipps, die auf Entdeckung warten, als irgendwo sonst auf der Insel. Von ein paar Ausnahmen abgesehen – wie z.B. dem Agii Deka – ist der Süden viel flacher als der Norden. Der Süden ist auch der Brotkorb der Insel, hier arbeiten die meisten Menschen unberührt vom modernen Tourismus in der Landwirtschaft – wie schon seit Jahrhunderten. Im Süden liegen einige der schönsten Strände der Insel.

Der Korission-See ist ein Naturschutzgebiet, das einen kilometerlangen Sandstrand mit goldenen Dünen bietet. Einen krassen Gegensatz dazu bildet der Ferienort Kavos, in dem sich die Auswüchse des modernen Massentourismus bemerkbar machen. Hier feiert die Jugend die ganze Nacht durch.

Typischer für den Süden sind aber die ländlichen Orte wie Agios Mattheos und Lefkimmi – kleine Bauern- und Fischergemeinden, in denen das Herz der Insel schlägt. Die Strände von Paramonas im Westen oder Boukari im Osten entsprechen auch heute noch den Vorstellungen von einem griechischen Inselidyll.

Unten: Nachtleben in Benitses

Erste Orientierung

★ Nicht verpassen!
1. Achilleio ➤ 130
2. Benitses ➤ 132
3. Limni Korission ➤ 134

Nach Lust und Laune!
4. Perama ➤ 136
5. Sinarades ➤ 136
6. Agios Gordis ➤ 136
7. Agii Deka ➤ 137
8. Paramonas ➤ 138
9. Agios Mattheos ➤ 138
10. Moraitika ➤ 138
11. Mesongi ➤ 139
12. Festung Gardiki ➤ 139
13. Boukari ➤ 140
14. Petriti ➤ 140
15. Agios Georgios ➤ 140
16. Agia Varvara ➤ 140
17. Lefkimmi ➤ 140
18. Kavos ➤ 142
19. Kap Asprokavos ➤ 142

Unten: Das friedvolle Limni Korisson

Oben: Agios Georgios

Seite 125: Blick von Agii Deka auf Korfu-Stadt

128 Der Süden

In drei Tagen

Wenn Sie sich nicht sicher sind, wo Sie Ihre Reise beginnen möchten, empfiehlt diese Route eine schöne und praktische Dreitagestour durch Südkorfu mit den wichtigsten Sehenswürdigkeiten. Sie können dazu die Karte auf der vorangegangenen Seite verwenden. Weitere Informationen finden Sie unter den Haupteinträgen.

Erster Tag

Vormittags
Um den Menschenmassen zu entgehen, sollten Sie den **1 Achilleion-Palast** (links; ► 130f) möglichst früh am Morgen besichtigen und dann zum Dorf **7 Agii Deka** (► 137) hinauffahren, um die herrliche Aussicht zu genießen. Anschließend geht es nach **2 Benitses** (rechts; ► 132f) hinunter, wo Sie vor dem Mittagessen noch ein bisschen bummeln können.

Nachmittags
Auf der Küstenstraße geht es weiter bergab durch **10 Moraitika** (► 138f) und **11 Mesongi** (► 139); zu sehen gibt es auf der Durchfahrt nicht viel. An der Küste entlang geht es weiter nach **13 Boukari** (► 140) mit einer großen Auswahl an Lokalen. Sie sollten so früh eintreffen, dass die Zeit noch zum Schwimmen oder für einen Spaziergang reicht, bevor Sie dann hier übernachten.

Zweiter Tag

Vormittags
Weiter geht es am Meer entlang gen Süden, wobei Sie bei **14 Petriti** (► 140) allerdings ein Stück landeinwärts fahren müssen, da die Küstenstraßen hier alle sehr steil und schmal werden. Folgen Sie der Beschilderung nach Kavos.

In drei Tagen

Zuerst kommen Sie an **17 Lefkimmi** (➤ 140ff) vorbei. **18 Kavos** (➤ 142) sollten Sie dann morgens besichtigen, dann ist es dort ruhiger. Wenn Zeit und Wetter es erlauben, lohnt sich der Spaziergang zum **19 Kap Asprokavos** (➤ 142). Auf der gleichen Straße geht es weiter: Kurz vor Lefkimmi biegen Sie links nach **16 Agia Varvara** (oben; ➤ 140) ab, dort können Sie am Meer zu Mittag essen.

Nachmittags
Fahren Sie jetzt auf die Hauptstraße zurück – sie verläuft von Norden nach Süden – und biegen Sie links ab, dann geht es weiter in Richtung Korfu-Stadt, bis Sie den Abzweig nach **9 Agios Mattheos** (➤ 138) erreicht haben. Vor der Fahrt in den Ort sollten Sie aber noch links zur **12 Festung Gardiki** (➤ 139) abbiegen; von dort führt die Straße auch zum Nordufer des **3 Korission-Sees** (➤ 134f). Nach eine Zwischenstopp am schönen See geht es zur Burg zurück, biegen Sie dann nach rund 100 m links ab: Die schmale Küstenstraße führt durch herrliche Olivenhaine.

Abends
Nun geht es zum kleinen Ferienort **8 Paramonas** (➤ 138), wo Sie im Hotel *Paramonas* (➤ 144) übernachten und mit etwas Glück auch einen spektakulären Sonnenuntergang in der Sunset Taverna (➤ 146) erleben können.

Dritter Tag

Vormittags
Sie können in Paramonas noch zum Schwimmen gehen und erst später Ihre Rückfahrt landeinwärts nach Agios Mattheos antreten. Von hier fahren Sie entweder zurück nach Süden oder biegen links in Richtung **5 Sinarades** (➤ 136) mit seinem hübschen Volkskundemuseum ab. Es gibt dort auch ein paar ganz gute Tavernen.

Nachmittags
Nun fahren Sie gen Osten in Richtung Korfu-Stadt. Vielleicht möchten Sie die Nacht in der Hauptstadt oder im nahegelegenen **4 Perama** (➤ 136) verbringen. So können Sie auf Ihrer Fahrt an Orten halten, für die Sie vielleicht noch keine Zeit hatten, beispielsweise am Achilleion-Palast oder in Benitses, auch ein schöner Urlaubsort.

Der Süden

❶ Achilleio

Der Achilleion-Palast zählt zu den bekanntesten Sehenswürdigkeiten auf Korfu – warum, wird auf den ersten Blick klar. Das imposante weiße und cremefarbene Gebäude thront hoch oben auf einem Hügel. Innen werden einige faszinierende historische Artefakte präsentiert, ein weiterer Glanzpunkt sind die Gärten mit edlen Statuen und einem herrlichen Blick übers Meer.

Die beeindruckendste Statue ist die Bronzestatue des *Sterbenden Achill*, ein Werk des deutschen Bildhauers Ernst Herter (1846–1917) hinten im Garten. Das Schloss ist nach Achill benannt – dem größten Krieger der griechischen Mythologie. Seine Mutter wollte ihm Unsterblichkeit verleihen, indem sie ihn ins Wasser des Flusses Styx tauchte, übersah jedoch, auch die Ferse zu befeuchten, an der sie ihn festhielt. Somit hatte er eine verwundbare Stelle – die berühmte Achillesferse.

Bei Kaiserin Elisabeth von Österreich, für die der Palast 1890 bis 1891 erbaut wurde, nahm die Geschichte von Achill schon den Charakter einer Obsession an. Im gesamten Gelände finden sich Statuen von Achill, im Haus selbst unzählige Gemälde von ihm. Der Palast sollte Sissi von den politischen Wirren am Habsburger Hof, vom Selbstmord ihres Sohnes und der zunehmenden Entfremdung von ihrem Gatten ab-

Der Achilleion-Palast ist nach dem griechischen Helden Achill benannt

Achilleio

lenken. Sie starb 1898 – von einem italienischen Attentäter ermordet. Kaiser Wilhelm II. erwarb den Palast 1908. Ihm verdankt der berühmte Aussichtspunkt in Pelekas (▶ 118), der Kaiserthron, seinen Namen.

Museum und Garten

Das Erdgeschoss ist nun als Museum zugänglich und zeigt eine Sammlung von Gemälden, kleineren Statuen, Möbeln und Trachten sowie persönlichen Gegenstände der Besitzer des Palastes. Nach dem Tod der Kaiserin erlebte der Palast eine wechselvolle Geschichte. Er diente im Ersten Weltkrieg als Krankenhaus, später als Set für den James Bond-Film *In tödlicher Mission* und beherbergt seit 1997 das einzige Spielkasino auf Korfu.

Rechts: Skulptur im Garten des Palastes

Heute sind die Gärten mit Palmen, Feigenkakteen, Rosen und Lilien die Hauptattraktion der Anlage. Am Ende öffnet sich ein herrlicher Blick übers Meer, kein Wunder, dass sich alle hier fotografieren lassen – unter den wachsamen Augen von Achill.

KLEINE PAUSE

Das **San Marino** (tägl. 9–20 Uhr) gegenüber vom Palasteingang ist eine Mischung aus Imbiss, Café und Weinbar und hat somit für jeden etwas zu bieten.

- 184 C4
- Gastouri ☎ 26610-56245
- Juni–Aug. tägl. 8–19 Uhr, Sept.–Mai 9–15 Uhr
- Taverne und Café in der Nähe
- blauer Bus 10 ab Korfu-Stadt
- teuer
- Fotografieren erlaubt

ACHILLEIO: INSIDER-INFO

Top-Tipps: Ein Parkplatz fehlt, die **Autos stehen am Straßenrand**, und zwar am besten ein gutes Stück vom Eingang entfernt, da die Ausflugsbusse sonst das Wenden und Wegfahren erschweren.
- Der Palast wird häufig von Ausflugsbussen angefahren. Wer ihn in Ruhe besichtigen will, sollte **möglichst früh kommen**, also um 8 oder 9 Uhr.

Ein Muss! Der **Panoramablick** hinten im Garten.
- Der **Kaisersattel** in einem der Räume im Erdgeschoß: Es handelt sich um einen Eichenstuhl in der Form eines Sattels.

2 Benitses

Benitses hatte lang den Ruf, der mittlerweile Kavos vorauseilt – eine Party-Hochburg der Jugend zu sein, in der man sich frühmorgens um vier Uhr besser nicht aufhält. Inzwischen hat der Urlaubsort hart am Image gearbeitet: der neue Yachthafen für rund 100 Schiffe hat zur Eröffnung von schicken Lokalen geführt und soll zukünftig eine betuchtere Klientel anlocken. Das Resort ist auch bei dem aufkeimenden Tourismus aus Osteuropa beliebt.

Vom Dorfplatz – er liegt gegenüber vom alten Hafen mit seinen Fischerbooten – folgt man den Schildern nach »Old Benitses«. Kurz darauf sind die verwinkelten Gassen mit ihren weißen zweistöckigen Häusern aus venezianischen Zeiten und den bunten Bougainvilleen erreicht. Hinter dem Dorf geht es steil bergauf, in Wanderführern ist der Rundwanderweg nach Stravos (2 km) oben auf dem Berg beschrieben, er führt an malerischen Kapellen und plätschernden Bächen vorbei.

Im Süden des alten Dorfes erstreckt sich der neuere, weniger attraktive Ferienort mit einem eher schlechten Kiesstrand direkt an der Hauptstraße. Wassersportangebote und Schiffsausflüge laufen dennoch ganz gut.

Sehenswürdigkeiten

Nördlich vom Dorfplatz liegen die überwucherten Ruinen der kleinen römischen Bäder; die hübschen Bodenmosaiken sind noch zu erkennen. Näher zum Meer ragt in einer Anlage ein modernes Kriegsdenkmal in Form eines Engels auf.

Das Muschel-Museum in einem großen Gebäude an der Hauptstraße am nördlichen Stadtausgang lohnt einen etwas längeren Besuch. Gezeigt werden ein paar tausend Muscheln und andere Schätze aus den Tiefen

Oben: Terrakottatöpfe mit Blumen schmücken die Treppe, die zu einem traditionellen Haus in Benitses hinaufführt

Links: Ein Fischer im Hafen von Benitses

Benitses 133

des Meeres, z. B. Korallen, Skelette, Fossilien, Schwämme und ausgestopfte Fische. Die Funde hat der Besitzer des Museums von seinen Weltreisen mitgebracht.

KLEINE PAUSE

Der **Mythos Grill Room** (➤ 145) bietet hervorragendes griechisches Essen, wer keinen Hunger hat, trinkt nur ein Mythos-Bier vom Fass.

🕀 184 C4
🍴 viele Kneipen, Cafés und Restaurants 🚌 grüner Bus 6 ab Korfu-Stadt

Muschel-Museum
✉ Benitses ☎ 26610-72227 🕐 März–Okt. tägl. 9–19 Uhr (im Sommer auch länger) 🍴 viele in unmittelbarer Nähe 💰 mittel ❓ Fotografieren erlaubt

Oben rechts:
Hier pulsiert das Nachtleben von Benitses

Links: Das Muschel-Museum präsentiert eine beeindruckende Sammlung von Muscheln aus aller Welt

---

BENITSES: INSIDER-INFO

Top-Tipp: Der **einstige schlechte Ruf** von Benitses sollte keinen vom Besuch abhalten: Der Ort hat sich zu seinem Vorteil verändert.

Geheimtipp: Von Alt-Benitses lohnt sich eine Wanderung landeinwärts. Bis zu den **dichten Wäldern mit Wildblumen und plätschernden Bächen** ist es nicht weit.

Muss nicht sein! Bei Zeitmangel kann man die eher enttäuschenden **römischen Bäder** einfach weglassen.

3 Limni Korission

Die Venezianer konnten die Natur hervorragend in Wert setzen. Sie pflanzten auf Korfu nicht nur Olivenbäume (▶ 6ff), sondern legten auch den künstlichen See an und schufen auf diese Weise eine herrliche Süßwasserlagune. Der See ist fünf Kilometer lang und bis zu ein Kilometer breit. Heute ist der goldene Sandstrand zwischen dem See und dem Meer für jeden Sonnenanbeter ein Traum. Es wird oft recht voll, aber wer ein Stück läuft, ist meist allein für sich.

Natur

Das Marschland wurde in einen See verwandelt, indem man vom Meer her einen Kanal in den Sumpf legte, der mit der Zeit mit Wasser voll lief. Nach und nach wurde das Salzwasser von Süßwasser verdrängt. Der 607 ha große See bietet nun vielen Tieren einen Lebensraum, u. a. den lästigen Stechmücken (Insektenschutz einstecken!).

Ornithologen haben über 120 verschiedene Vogelarten identifiziert. Mit großer Wahrscheinlichkeit sind Reiher und Silberreiher zu sehen, außerdem zahlreiche Sumpfvögel wie Grünschenkel, Drosseluferläufer, Stelzen, Alpenstrandläufer, Brachvögel und die anmutigen Säbelschnäbler, die mit ihren nach oben gebogenen Schnäbeln Sand und Wasser nach Essbarem durchsieben. Im Winter rasten viele Entenarten wie Stock-, Krick- und Brandenten, denn Futter ist im Überfluss vorhanden. Neben Vögeln leben hier verschiedene Schildkrötenarten und Salamander. Aber auch Botaniker kommen voll auf ihre Kosten: Es wachsen verschiedenste Gräser und Orchideen, u.a. im Frühjahr die Jersey-Orchidee. Im Spätsommer und zu Herbstanfang blühen die weißen Narzissen – ein wunderschöner Anblick!

Limni Korission 135

Seltene Silberreiher (oben) und Schildkröten (rechts) sind mit etwas Glück am Korission-See (unten) zu sehen

KLEINE PAUSE

Wer sich nicht nur mit einem Imbiss zufrieden geben möchte, sondern wirklich gut essen will, fährt vom Nordende der Lagune etwa 400 m ins Landesinnere, wo die Taverna **Spiros** leckere Gerichte zu Familienpreisen serviert.

+ 184 C2
🍴 Tavernen am Nord- und Südufer des Sees und viele Lokale in Agios Georgios südlich vom See
🚌 grüner Bus ab Korfu-Stadt nach Agios Georgios

LIMNI KORISSION: INSIDER-INFO

Top-Tipps: Suchen sie sich einen **abgelegenen Ort**, um Wildtiere zu bobachten.
• Es gibt zwar Erfrischungen in der Nähe vom Nordende des Sees, doch ist es für einen längeren Aufenthalt besser, **eigene Getränke und Speisen** mitzunehmen.
• Die beste Zeit zur **Vogelbeobachtung** ist der Frühling und der Herbst, wenn sich die Vögel zur Abreise sammeln. Im Winter genießen sie das milde Klima.

Der Süden

Nach Lust und Laune!

4 Perama
Perama ist der erste Ferienort auf dem Weg von Korfu-Stadt Richtung Süden. Vom Flughafen aus gesehen liegt der Ort am Ende der Chalkiopoulou-Lagune. Eine steile Treppe führt zum Kieselstrand an der Hauptstraße hinunter, wo sich viele Wassersportmöglichkeiten bieten. Das Dorf mit mehreren guten Lokalen hat durchaus Flair und gibt einen guten Standort ab, wenn man Korfu-Stadt, die Ostküste oder den Achilleion-Palast (➤ 130f) und Gastouri erkunden will.
✚ 184 C4
🍴 zahlreiche Cafés, Kneipen und Restaurants
🚌 blauer Bus 6 ab Korfu-Stadt

5 Sinarades
Die große hübsche Stadt thront beschaulich auf einem Berg. Hauptattraktion ist das Folklore-Museum; es ist klein, aber trotzdem eines der schönsten auf Korfu. Seine Räume hat es in einem traditionellen korfiotischen Haus in einer ruhigen Gasse. Über ausgetretene Stufen werden die Besucher in den ersten Stock geleitet, dort stehen eine nachgebaute Küche,

Katze in Sinarades

ein Esszimmer sowie ein Schlafzimmer aus den Jahren 1860 bis 1960. Im zweiten Stock findet sich ein faszinierendes Sammelsurium: Musikinstrumente, Spielsachen, Trachten, ein Schattenspiel, ein Webstock, eine Getreidemühle und die Arbeitsbank eines Schuhmachers. Star ist ein Reetboot, wie man es früher im alten Ägypten und bis zum Zweiten Weltkrieg auch an der Westküste Korfus verwendete.
✚ 184 B4 🍴 Tavernen und Cafés
🚌 grüner Bus ab Korfu-Stadt nach Agios Gordis

Folklore-Museum in Zentralkorfu
✉ Sinarades ☎ 26610-54962
🕐 Di bis Sa 9.30–14 Uhr
🍴 Cafés und Tavernen im Dorf
💰 preiswert ❓ Fotografieren erlaubt

6 Agios Gordis
Das kleine Dorf hat sich zu einem lebhaften Ferienort mit einem der schönsten Strände auf Korfu entwickelt: Eine sanft geschwungene Bucht mit weichem Sand erstreckt sich vor der Kulisse bewaldeter Hügel. Die Unterhaltung spielt sich vor allem im Pink Palace (➤ 143) ab, einem Hotel, das so extravagant ist,

Nach Lust und Laune!

wie der Name schon vermuten lässt. Dort befinden sich mehrere Pools, Bars, Restaurants, Geschäfte, Sporteinrichtungen und auch eine Diskothek. Wer nur einen Tag hier ist, sollte nach dem ausgeschilderten Parkplatz Ausschau halten, bevor er an den Strand hinunterfährt, denn dort gibt es nur wenige Parkmöglichkeiten.

Einzigartiger Panoramablick auf Korfu-Stadt vom Agii Deka

184 B4 Restaurants, Kneipen und Cafés
grüner Bus ab Korfu-Stadt

7 Agii Deka

Der zweithöchste Berg Korfus (576 m) ragt im Süden von Korfu-Stadt auf. Vom gleichnamigen Dorf bietet sich ein wunderschöner Blick auf Korfu-Stadt – schon alleine deshalb lohnt sich der Besuch. Wer kein Auto hat, kann an einem der angebotenen Ausflüge teilnehmen. Viele Ausflugsbusse halten im Dorf, damit die Fahrgäste einen Spaziergang durch die Gassen machen und das Panorama genießen können. Der Name bedeutet übrigens »zehn Heilige«. Wer zu Fuß auf den Berg wandern will, sollte in Ano Gaouna starten.

184 C4 mehrere Cafés und Tavernen
grüner Bus ab Korfu-Stadt nach Ano Garouna

Der Süden

Barken und Boote im Hafen von Moraitika

🗺 184 B3 🍴 Tavernen 🚌 keiner

9 Agios Mattheos
Das Dorf ist eigentlich recht groß, dennoch übersieht man es schnell. Agios hat mehrere Geschäfte und Cafés, noch wird sein ländliches Flair nicht vom Tourismus beeinträchtigt. Der Ort liegt am Hang des gleichnamigen Berges (463 m) und ist ein schöner Ausgangspunkt für die Wanderung auf den Gipfel – mit herrlichen Blicken über das Meer im Westen und ins Landesinnere.

🗺 184 C3
🍴 mehrere Tavernen und Cafés
🚌 grüner Bus ab Korfu-Stadt

8 Paramonas
Das Dorf zählt zu den schönsten entlang der Westküste, das aber nicht viel mehr als einen Strand, ein Hotel und ein paar Tavernen zu bieten hat. Ins Dorf fährt kein Bus, die Straße von Agios Mattheos macht viele Zickzack-Kurven und gabelt sich mehrmals: Es ist deshalb nicht ganz einfach, den Weg nach Paramonas zu finden.

Ruinen der byzantinische Festung Gardiki

10 Moraitika
Der erste Eindruck überzeugt nicht gerade: Entlang der geschäftigen Hauptstraße scheinen sich bloß Kneipen, Geschäfte und Lokale aneinander zu reihen. Aber ein bisschen Flair konnte sich das Dorf dann doch bewahren und lockt nun ganz verschiedene Besucher in seine Gassen. Wie bei so vielen Ferienorten, die nicht unmittelbar am Meer liegen, liegt der alte Dorfkern – Ano Moraitika – oben auf dem Berg. Hier geht es recht beschaulich zu, es gibt einige alte Häuser sowie gemütliche Cafés und Tavernen, in denen sich die Ein-

Am Strand von Mesongi kann man gefahrlos schwimmen – ein Eldorado für Familien

heimischen treffen.

Am Abend füllen sich die Kneipen an der Hauptstraße im modernen Teil Moraitikas, doch die Szene ist nicht mit der von Kavos weiter südlich zu vergleichen. Untertags konzentrieren sich die Aktivitäten auf den langen Strand, der vielleicht nicht ganz so schön ist, aber vielerlei Aktivitäten (► 148) bietet.

☩ 184 C3 🍴 viele Restaurants, Kneipen und Cafés 🚌 grüner Bus ab Korfu-Stadt nach Kavos oder Mesongi

🔟 Mesongi

Der Fluss Mesongi trennt Mesongi von Moraitika und führt im Winter und Frühling überraschend viel Wasser. Mesongi ist wesentlich gemütlicher als das Nachbardorf und bietet mehr griechisches Flair, dafür ist aber der Strand nicht so lang und so schön. Südlich von Mesongi wird es zunehmend ruhiger an der Küste.

☩ 184 C3 🍴 Tavernen 🚌 grüner Bus ab Korfu-Stadt nach Kávos oder Mesongi

🔢 Festung Gardiki

Die beiden Straßen südlich von Paramonas und nördlich des Korission-Sees treffen an der Festung aufeinander. Zu große Erwartungen sollte man nicht haben: Die byzantinische Festung aus dem 13. Jh. wurde fast bis zu den Grundmauern geschleift. Errichtet wurde sie vermutlich zur Verteidigung vor Piratenangriffen aus Genua, Sizilien und Venedig.

Ein kurzes Stück in Richtung Paramonas führt auf der rechten Seite ein Weg zu einer Höhle hinauf, in der altsteinzeitliche Artefakte gefunden wurden. Sie werden nun im Archäologischen Museum in Korfu-Stadt (► 60f) präsentiert.

☩ 184 C3 ⓘ frei zugänglich 🍴 Café/Geschäft an der Kreuzung 🚌 keiner

Der Süden

⓭ Boukari

Boukari ist einer der schönsten Orte an der gesamten Ostküste. Er liegt weit ab von den hektischen Ferienorten nördlich von Korfu-Stadt. Den Besucher erwarten ein kleiner einsamer Strand, eine Fischtaverne am Meer und ein paar schlichte Hotels. Die Straße, die von hier aus nach Süden führt, ist für einen normalen Pkw zu schlecht ausgebaut. Wer ohne Nervenkitzel weiter nach Süden will, sollte die Straße durch das Landesinneren Richtung Süden nehmen. Boukari zählt zu den Orten, die so schön sind, dass man ewig bleiben könnte.

🞥 185 D2 🍴 mehrere Tavernen
🚌 keiner

⓮ Petriti

Das hübsche Fischerdorf erstreckt sich von einem großen Hafen durch eine Ebene die grünen Hügel hinauf. Im überraschend großen Hafen herrscht reges Treiben: Handelsschiffe fahren ein und aus, dazu kommen die Boote der Fischerfamilien, die für die Märkte und Tavernen aufs Meer hinaus fahren. Wer in dieser Gegend unterwegs ist, sollte hier unbedingt Station machen.

🞥 185 D2
🍴 Cafés, einige Restaurants und Geschäfte
🚌 grüner Bus ab Korfu-Stadt

⓯ Agios Georgios

Am südlichen Ende des Korission-Sees gehen die Sanddünen in den schönen Sandstrand von Issos über und auf der anderen Seite des Flüsschens liegt das ziemlich große Resort Agios Georgios. Inzwischen ist es stark ausgebaut, und es gibt ein attraktives Wassersportangebot, dazu kommen einige nette Tavernen. Auch Familien machen in Agios Urlaub, für die Kinder gibt es verschiedene Angebote. Selbst wenn das Dorf nicht so viel griechisches Flair wie andere verströmt, kann man hier dennoch ein paar schöne Stunden verbringen.

🞥 185 D2
🍴 Restaurants, Kneipen und Cafés
🚌 grüner Bus ab Korfu-Stadt

⓰ Agia Varvara

Der Ort versteckt sich am Ende einer Seitenstraße im Süden der Insel und ist ideal für alle, die ein paar Tage entspannen wollen. Es gibt einen hübschen Sandstrand, einige Zimmer und Tavernen sowie schöne Wanderwege. Abseits des Wassers nimmt das Leben im Bergdorf noch immer seinen Gang wie schon vor Hunderten von Jahren.

🞥 185 D2 🍴 einige Tavernen
🚌 keiner

⓱ Lefkimmi

Der Ort bietet wenig touristisch interessante Sehenswürdigkeiten, weder ein Museum noch einen Strand noch eine Taverne am Meer. Seit dem Bau der Umgehungsstraße, über die der Verkehr direkt zum Fährhafen geleitet wird, besteht eigentlich kein Grund mehr, überhaupt noch hierher zu kommen.

Die zweitgrößte Stadt Korfus ist eine Landgemeinde, die sich aus mehreren Weilern zusammensetzt. Es ist ein Kunststück, sich in dem Netz aus Einbahnstraßen zurechtzufinden, es empfiehlt sich, den nächstgelegenen Parkplatz anzusteuern. In den Geschäften wird alles außer Andenken verkauft und in den Tavernen kommt original griechische Kost auf den Tisch.

Der Glockenturm der Kirche St. Arseniou in Lefkimmi

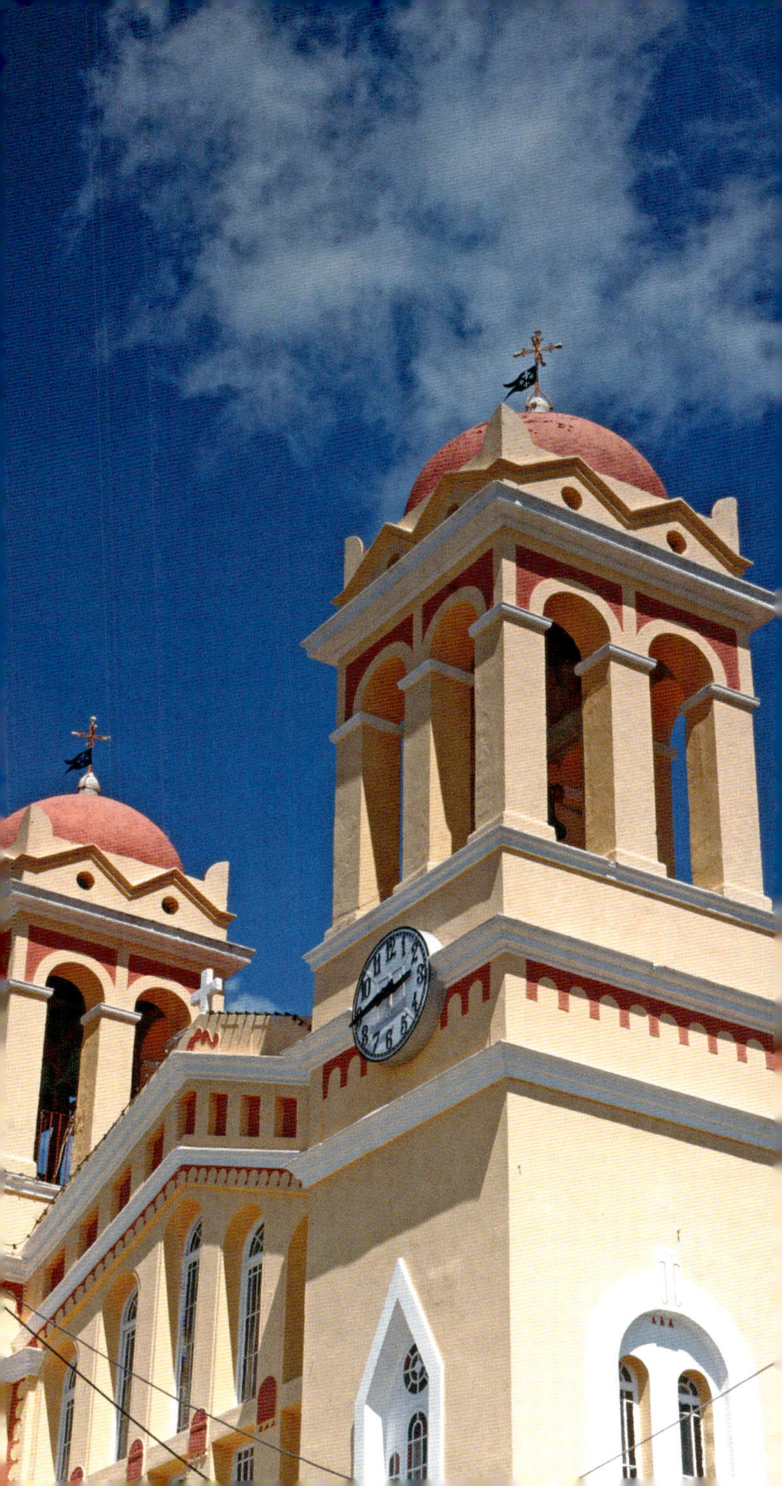

Der Süden

Einer der vielen Nachtclubs in Kavos

Unter den interessanten Kirchen ist St. Arseniou dank ihrer Zwillingsglockentürme kaum zu übersehen.
- 185 F2
- Restaurants und Cafés
- grüner Bus ab Korfu-Stadt

18 Kavos

Die einen finden den Ort super, die anderen grauenhaft: Kavos im äußersten Süden der Insel ist die Party-Hochburg der Insel. Die meisten Korfioten haben mit dem Ort nicht viel im Sinn. Während der Rest der Insel schläft, schiebt sich hier die Jugend Englands halbnackt und betrunken durch die von Diskomusik wummernden Straßen. An der Hauptstraße und zum Strand hinunter werben die Clubs und Kneipen bis zum Morgengrauen um die Gäste. Untertags wird dann eine langsamere Gangart geschaltet, dann faulenzen die Feierfreudigen in Massen am schönen Sandstrand.
- 185 F1
- zahlreiche Restaurants, Kneipen und Cafés
- grüner Bus ab Korfu-Stadt

19 Kap Asprokavos

Die südlichste Spitze Korfus liegt nur einen halbstündigen Spaziergang von Kávon entfernt – hier fühlt man sich wie am Ende der Welt. Das Kap ist Ausgangspunkt des 200 Kilometer über die Insel verlaufenden Corfu Trails (www.corfutrail.org). Wer mit dem Auto unterwegs ist, nimmt in Kavos die Straße Richtung Spartera (Süden) und folgt dann der Beschilderung. Der Weg führt über Felder zu den Klippen des Kaps, von dort fällt der Blick auf die im Süden liegende Insel Paxos (▶ 154f). Auf der anderen Seite der Landspitze liegen die Ruinen eines alten Klosters.
- 185 F1 keine
- grüner Bus ab Korfu-Stadt nach Kavos

Wohin zum ...
Übernachten?

Preise
Für ein Doppelzimmer pro Nacht in der Hochsaison gelten folgende Preise:
€ unter 80 Euro   €€ 80–130 Euro   €€€ über 130 Euro

AGIOS GEORGIOS

Golden Sands €
Das Hotel direkt am goldfarbenen Sandstrand hat über 83 Zimmer, von denen viele einen Meerblick haben. Alle sind modern, sauber und gemütlich mit Kühlschrank, TV, Klimaanlage und Direktwahltelefon ausgestattet. Das Hotel liegt rund fünf Fußminuten vom Ortskern entfernt und bietet seinen Gästen zwei Pools, einen Kinderspielplatz, Bars und ein Restaurant. Über den Sommer werden abends öfters griechische Tänze vorgeführt.

🏠 185 D2 ✉ Agios Georgios
☎ 26610-51225;
www.corfunext.com/golden_sands.htm
🕐 Nov.–März geschl.

AGIOS GORDIS

The Pink Palace €
Dieser auffällige pinkfarbene Komplex ist Korfus Mekka für junge Rucksacktouristen, die in Gemeinschaftsräumen mit bis zu 10 Betten übernachten. Außerdem gibt es Einzel- und Doppelzimmer. Ausstattung und Sauberkeit sind gut und niemand beschwert sich über das im niedrigen Preis inbegriffene Frühstück und Mittag- oder Abendessen.

🏠 184 B2 ✉ Agios Gordis
☎ 26620-53103; www.thepinkpalace.com

BENITSES

Louis Villa Regency Hotel €€€
Wer ein ländliches Ambiente schätzt, auf ein komfortables Hotel aber trotzdem nicht verzichten will, wird kaum etwas Besseres finden. Das moderne Hotel in den Hügeln sieht wie eine alte korfiotische Villa aus; der Blick über Korfu-Stadt ist herrlich. Im Hotel können insgesamt zwölf Personen übernachten, es kann als Ganzes oder etagenweise gemietet werden: Jede der vier Stockwerke ist komplett eingerichtet und abtrennbar. Die riesigen Suiten können somit auch separat gebucht werden.

🏠 184 C4
✉ Gastouri, Benitses
☎ 26610-71211; www.louishotels.com
🕐 Nov.–März geschl.

Wohin zum ...

Hotel Montagnola €€
Wegen seiner Flutlichtplätze ist das Hotel ein interessanter Tipp für Tennisfreaks. Es steht nicht weit vom Achilleion Palast entfernt. Bis zum Strand auf der anderen Straßenseite sind es 650 m; ein Shuttlebus bringt die Gäste zu den Wassersporteinrichtungen. Das Hotel hat 70 moderne Zimmer mit TV, Radio, Klimaanlage und Telefon. Pool und Restaurant sind im *Hotel Montagnola* ebenfalls vorhanden.

🏠 184 C4
✉ Benitses
☎ 26610-56205
🕐 Nov.–März geschl.

San Stefano €€
Das moderne 4-Sterne-Hotel bietet jeden denkbaren Komfort, die kleineren Zimmer sind dennoch erstaunlich preiswert. Insgesamt hat das Hotel über 220 Zimmer und Suiten sowie 30 Bungalows für Selbstversorger. Zum Hotel gehört der größte Pool der Insel; der

144 Der Süden

Blick auf die Bucht von Benitses ist traumhaft. Gleich nebenan steht der Achilleion-Palast.

✚ 184 C4
✉ **Benitses**
☎ 26610-71112; www.ellada.net/sanstef
⊙ Nov.–März geschl.

BOUKARI

Boukari Beach €

Boukari ist ein hübscher ursprünglicher Ferienort, das *Boukari Hotel* eine gute und günstige Übernachtungsmöglichkeit. Den Hotelbesitzern gehören komfortable Zimmer hinter der exzellenten Taverne sowie zwei Villen und das kleine, 2004 renovierte Hotel Penelope. Es hat nur zwölf Zimmer, die alle mit Kühlschrank und Klimaanlage ausgestattet sind. Im Hotel befindet sich eine Bar, und Internetzugang hat man auch.

✚ 185 D2
✉ **Boukari**
☎ 26620-51791; www.boukaribeach.gr
⊙ Nov.–März geschl.

MESONGI

Apollo Palace €

Die Zimmer sind meist als individuelle Wohneinheit gestaltet und verteilen sich über den großen Garten – eine schöne, preiswerte Bleibe in dem beliebten Ferienort. Zur Anlage direkt am Strand gehören eine Bar, ein Restaurant, Pools und sogar eine eigene Kirche.

✚ 184 C3 ✉ **Mesongi**
☎ 26610-75433;
www.apollopalace-corfu.com
⊙ Nov.–März geschl.

Gemini Hotel €€

Dieses Hotel der C-Klasse liegt in einem ruhigen Garten nur drei Fußminuten vom Strand entfernt. Es bietet 125 bequeme Zimmer und einen großen Pool mit Bar. Ideal zum Entspannen, wenn Sie es nicht mal bis zum Strand schaffen.

✚ 184 C3 ✉ **Mesongi**
☎ 26610-75211;
www.geminihotel.gr
⊙ Nov.–April geschl.

MORAITIKA

Delfinia €€

Das *Delfinia* besteht aus drei separaten Gebäuden, das Meer liegt gleich hinter den Bäumen und Rasenflächen. Zum Ortskern sind es von hier aus nur fünf Minuten. Zur Anlage gehören einige Pools, Tennisplätze, Wassersportmöglichkeiten am Strand, sowie jede Menge Indoor- und Outdoor-Aktivitäten für Kinder, Bars und Restaurants.

✚ 184 C3 ✉ **Moraitika**
☎ 26610-76320; www.delfiniahotels.gr
⊙ Nov.–März geschl.

PARAMONAS

Hotel Paramonas €

In der bislang kaum zugebauten Bucht von Paramonas gibt es nur wenige Tavernen und einfache Quartiere. Das *Paramonas* ist ein hübsches geräumiges Hotel, das nur ein paar hundert Meter vom Strand entfernt zwischen Weingärten, Palmen und bunten Blumen liegt. Das moderne Haus hat 22 geräumige Zimmer und eine Bar. Frühstück wird drinnen oder auf der Terrasse vor dem Haus serviert.

✚ 184 B3 ✉ **Paramonas** ☎ 26610-76595/6; www.paramonas-hotel.com
⊙ Nov.–März geschl.

PETRITI

Panorama Villas €

Dieses kleine Hotel 2 km südlich von Petriti am Strand von Notos ist ein hochwertiges kleines Juwel und ein Ort, um dem Alltag zu entfliehen. Die gut bemessenen Apartments liegen alle um eine berankte Terrasse über einer felsigen Bucht mit kristallklarem Wasser. Die Atmosphäre ist bezaubernd, der Besitzer ist besonders freundlich und in dem kleinen Restaurant werden hervorragende Speisen serviert.

✚ 185 D2 ✉ **Notos Strand**
☎ 26610-51707;
www.panoramacorfu.gr
⊙ Nov.–April geschl.

Wohin zum ...
Essen und Trinken?

Preise
Die Preise gelten pro Person für ein Drei-Gänge-Menü ohne Getränke und Trinkgeld:
€ unter 15 Euro   €€ 15–25 Euro   €€€ über 25 Euro

AGIOS GEORGIOS

Kafesas €€
Die bei den Einheimischen sehr beliebte Fischtaverne hat eine hübsche, mit Fischernetzen dekorierte Terrasse. Von den besten Tischen fällt der Blick über den Strand aufs Meer. Hier lässt man sich am besten vom Ambiente inspirieren und bestellt Fisch oder sonstige Meeresfrüchte. Besonders schmackhaft ist schon der Vorspeisenteller mit Fisch, z. B. mit gebratenen Sardellen – vertrauen Sie sich dem Personal.
✚ 185 D2 ✉ Agios Georgios
☎ 26620-51196 Mo geschl.

AGIOS GORDIS

Sea Breeze €
Wegen seines Spielplatzes ist das Lokal für Familien ganz besonders gut geeignet. Es liegt am südlichen Ende des Ortes mit Blick auf den Strand. Die Auswahl an griechischen Gerichten ist groß. An den Sommerabenden wird griechische Musik und Tanz zur Unterhaltung der Gäste geboten, manchmal treten im Sea Breeze auch Jongleure auf.
✚ 184 B4
✉ Agios Gordis ☎ 26610-53214
 tägl. Mittag- und Abendessen

BENITSES

Mythos Grill Room €€
Das Mythos ist eines der wenigen griechischen Lokale im Ferienort und liegt in einem kleinen Park beim Eingang zum alten Dorf. Auf der überdachten Terrasse stehen Tische mit Blick ins Grüne, weitere gibt es auf der anderen Straßenseite im Haus. Auf der Karte finden sich beliebte korfiotische Spezialitäten und hausgemachte Pizzen nach griechischer Art. Für die Durstigen wird frisches Mythos-Bier vom Fass ausgeschenkt.
✚ 184 C4
✉ Benitses
☎ 26610-72050
 April–Okt. tägl. 11–24 Uhr

BOUKARI

Boukari Beach Taverna €€
Die einfache Fischtaverne direkt am Meer hat einen so guten Ruf, dass die Einheimischen sogar aus Korfu-Stadt hierher kommen. Spezialität des Hauses ist frischer Fisch, der perfekt zubereitet wird, dazu wird ein hervorragender Hauswein kredenzt. Sehr empfehlenswert.
✚ 185 D2 ✉ Boukari
☎ 26620-51791; www.boukaribeach.gr
 März–Nov. tägl. Mittag- und Abendessen

Spyros Karydis €€
Die hervorragende Fischtaverne liegt gleich am Meer. Man hört nur das sanfte Rauschen der Wellen; die besten Gerichte sind einfach, aber sehr gut: frischer Fisch vom Holzkohlegrill, der mit einem Spritzer Zitrone serviert wird. Wem der Sinn nach etwas Besonderem steht, bestellt den Hummer.
✚ 185 D2
✉ Boukari
☎ 26620-51205
 tägl. Mittag- und Abendessen

GASTOURI

Bella Vista €€
Das Bella Vista – von hier schaut man übers Meer bis zum grie-

Der Süden

chischen Festland – zählt zu den bekanntesten Restaurants auf Korfu und ist auch bei den Einheimischen sehr beliebt. Die Terrasse mit ihren schön gedeckten Tischen ist von Bäumen und Büschen umgeben. Die Speisekarte ist so umfangreich, dass die Wahl schwer fällt. Die Fleischspeisen sind besonders gut. Deshalb kommen die Einheimischen noch her, wenn die Touristen längst abgereist sind.

✚ 184 C4
✉ Gastouri
☎ 26610-56232
⊙ Ostern–Okt. tägl. Mittag- und Abendessen; Nov.–Ostern Fr/Sa Abendessen, So Mittagessen

MESONGI

Sea Breeze €

Trotz des englischen Namens ist die Taverne ein griechischer Familienbetrieb, der direkt am Sandstrand von Mesongi liegt. Auf der schattigen Veranda stehen schicke Tische und Stühle, weiß getünchte Wände, die Topfpflanzen und die griechische Musik tragen zum netten Ambiente bei. Zum Essen gibt es selbstgebackenes Brot. Ein ungewöhnliches Gericht ist *seftalies*. Es stammt eigentlich aus Zypern und besteht aus drei Sorten Fleisch mit Pitabrot, Tomaten, Zwiebeln und Pommes.

✚ 184 C3
✉ Mesongi
☎ 26610-75284
⊙ Ostern–Okt. tägl. 8 Uhr bis spätabends

PARALIA ALONAKI

Alonaki Bay €

Das etwas abseits gelegene Lokal mit einer schattigen Terrasse ist ein Geheimtipp, hier wird das beste (landestypische) Essen der Gegend gekocht. Die einheimischen Fischer sorgen täglich für fangfrischen Fisch.

✚ 184 C2
✉ Paralia Alonaki
☎ 26610-75872
⊙ Ostern–Okt. tägl. Mittag- und Abendessen

PRASSOUDI BEACH

Avra Fish Taverna €

Die kleine Bucht südlich von Paramonas steht nicht einmal auf allen Landkarten, doch das nette kleine Lokal mit Meerblick ist ausgeschildert und einfach zu finden. Die Speisekarte ist unspektakulär, doch das Gemüse stammt aus eigenem Anbau und der Wein aus eigener Herstellung. Die Umgebung ist schön und friedlich.

✚ 184 B3
✉ Prassoudi Beach
☎ 26610-76358/76636/75093
⊙ Ostern–Okt. tägl. Mittag- und Abendessen

POTAMI LEFKIMMIS

Maria's €

Kommt man auf der Straße nach Kávos durch Lefkimmi, liegt die Taverne links, wenn man den Fluss überquert. Die Lage ist nicht außergewöhnlich, die Küche und die Besitzerin aber schon. Maria kocht, was gerade zur Verfügung steht, alle Gerichte sind typisch für das ländliche Korfu und die Portionen gewaltig, so dass die Gäste gerne immer wiederkommen.

✚ 185 F2
✉ Potami Lefkimmis
☎ 26620-22150
⊙ tägl. Mittag- und Abendessen

PARAMONAS

Sunset Taverna €€

Die Taverne mit Meerblick hat eine mit Bambus überdachte Terrasse und liegt sehr hübsch. Zu den Spezialitäten des Hauses zählt die Hummer-*pastitsada*. Bevor man sich im Aquarium auf der Terrasse seinen Hummer aussucht, sollte man sich allerdings unbedingt nach dem Preis erkundigen. Zur Ferienzeit werden in der *Sunset Taverna* auch ein paar Zimmer vermietet.

✚ 184 B3
✉ Paramonas
☎ 26610-75149
⊙ Ostern–Okt. tägl. 8 Uhr bis spätabends

Wohin zum ...
Einkaufen?

Der Süden Korfus ist touristisch weniger erschlossen als der Rest der Insel, deshalb gibt es außerhalb der bekannten Ferienorte Benitses und Moraïtika nur wenige Einkaufsmöglichkeiten. Moraïtika ist eine gute Adresse für Andenken, es hat einige (für griechische Verhältnisse) größere Einkaufszentren und Supermärkte. Hier bekommt man hervorragende Produkte von der Insel, vor allem Lebensmittel und Getränke, aber auch das Übliche an T-Shirts und anderem Krimskrams.

Ansonsten ist das Angebot eher bescheiden. Es lohnt sich jedoch auf alle Fälle, in den größeren, nicht-touristischen Orten wie Lefkimmi oder Agios Mattaios Halt zu machen und sich ein bisschen umzusehen. Oft verstecken sich in den Gassen doch der eine oder andere Handwerkskünstler oder ein Tante-Emma-Laden mit unerwarteten Köstlichkeiten.

Wer ein Picknick plant, bekommt in den Dorfbäckereien meist köstliche Pasteten und frisches Gebäck.

KUNST UND KUNSTHANDWERK

In Kynopiastes unweit vom Achilleion-Palast gibt es zwei Geschäfte, die traditionelles korfiotisches Kunsthandwerk anbieten.

Das Atelier **Tsamis V** (Tel. 26610-56538) produziert Teller, Tassen, Schalen und Krüge, die allesamt in bunten Farben verziert werden.

Wer Zeit hat, kann den Töpfern bei ihrer bewundernswerten Arbeit an den Töpferscheiben über die Schultern schauen.

In der Nähe bietet das **Aronis** handgemachte Möbel. An den Ständen vor dem Eingang zum Achilleion-Palast werden Kopien der Statuen aus dem Park verkauft.

LEBENSMITTEL

Der Süden ist sehr viel ländlicher als der touristischere Norden, auch die Handvoll Ferienorte ändert daran nichts. Im Landesinneren arbeiten die Leute in der Landwirtschaft, Nahrungsmittel werden hauptsächlich für den Eigenbedarf produziert. Etwas Leckeres zu essen bekommt man aber trotzdem – aber eher für ein Picknick, nur weniges ist haltbar.

In Gastouri, direkt gegenüber vom Eingang zum Achilleion-Palast, ist die **Vassilakis Distillery** (Tel. 26610-52440, geöffnet 9–20 Uhr) eines der größten Geschäfte der Insel hinsichtlich Wein, Schnaps und Likör.

Die Auswahl ist enorm, probieren darf man auch alles – wer also Spezialitäten von Korfu kennen lernen will, ist hier genau richtig. Verkauft wird auch Kumquatlikör – das Personal erklärt mit großem Engagement die Unterschiede zwischen den verschiedenen Sorten.

Der Likör wird teilweise auch in ungewöhnlichen Flaschen angeboten. Vassilakis stellt auch einen eigenen Kognak her, außerdem ouzo, verschiedene Fruchtsaftgetränke und hervorragende Kumquatmarmelade und -gelee.

SOUVENIRS/MODE

In Benitses sollte man im Muschel-Museum (▶ 132) einen Blick in den Museumsladen werfen: Hier wird eine schöne Auswahl an Artikeln aus Muscheln angeboten, die auch ausgeführt werden dürfen. Die größeren Muscheln sind eventuell schwierig zu transportieren.

Wer seinen Spaß an flippigen T-Shirts und sonstigem Kitsch hat, wird in Kavos fündig.

Moraïtika ist eine wirklich gute Adresse speziell für schicke Mode und die aktuellsten und trendigsten Ausgehmodelle.

Der Süden

Wohin zum … Ausgehen?

NACHTLEBEN

In Südkorfu gibt es drei Orte mit einem attraktiven Nachtleben: Benitses, Moraitika und Kavos.

Benitses war früher der Party-Hochburg schlechthin, mittlerweile bemüht man sich, die ausgeflippten Gäste wieder etwas zu mäßigen. Aber es gibt immer noch jede Menge Clubs oder Bars, in denen noch immer so richtig die Post abgeht – die Bars **Lacey's** oder **Sunshine** sowie die Clubs **Stadium** oder **Casanovas 2000** sind zwei Beispiele.

Heute ist Kavos die Nummer eins in Sachen Nachtleben; hier gibt es Dutzende von Kneipen, die in der Hauptsaison alle rappelvoll sind. Alle bieten etwa die gleiche Mischung aus lauter Musik und Billigdrinks – somit fällt eine Empfehlung schwer. **The Barn** und das **Buzz** sind zwei der beliebtesten mit riesigen Tanzflächen und Mega-Soundsystemen.

Renner sind auch das **Futures**, das **Jungle** und das nette **Rocky's**. Wer in Kavos wohnt, kann sie ja einfach alle der Reihe nach ausprobieren.

Moraitika spricht ein breites Publikum an – von Familien bis hin zu Leuten, die einen drauf machen wollen. Es ist nicht so viel los wie in Kavos, aber enttäuscht wird hier trotzdem keiner. Das **Cadillac** an der Hauptstraße ist bekannt und leicht zu finden: Über dem Eingang weist ein gelber Cadillac den Weg (Öffnungszeit: 21 Uhr) Rechts daneben steht das **Very CoCo**, das ebenfalls sehr beliebt ist (ab 22 Uhr geöffnet). Das Gleiche gilt für das **After Dark**; **Captain Morgan** ist eine irische Kneipe mit Karaokemusik.

Die Café-Bar **Dreamers** hat einen gigantischen TV-Bildschirm und mixt viele Cocktails. Etwas außerhalb der Innenstadt gen Westen liegt der **Scorpion Club**, eine gute Adresse für Leute mit einem Faible für laute Musik.

SPORT

Räder vermietet **Moraitika Bike Hire** am südlichen Ortsausgang. Im **Mesongi Beach Hotel** hat auch das große **Tauchzentrum** (Tel. 26610-83295) seine Räume. Im gleichen Hotel ist auch der **Mesongi Tennis Club** (18–21 Uhr geöffnet) angesiedelt sowie **Nautilus Diving**, eine internationale Tauchschule (BSAC; Tel. 26610-83045, Büro tägl. geöffnet nur von 17–19 Uhr).

Nördlich des Hotels liegt hinter dem Strand eine kleine Wasserrutsche, am Strand selbst finden sich viele Wassersportanbieter, manche veranstalten auch längere und kürzere Bootsausflüge.

In Benitses ist das Angebot an Wassersport nicht ganz so breit gefächert, es gibt jedoch eine neue Bootsverleihfirmen befinden.

Die Westküste ist felsiger und somit besser zum Tauchen geeignet. Eine gute Adresse ist das **Calypso Diving Centre** (Tel. 26610-53101, www.divingcorfu.com) in Agios Gordis.

In Agios Georgios sind die Wassersportmöglichkeiten besonders gut. **Kosta's Jet Ski** (kein Telefon) am Nordende des Strands bietet sicheres Wasserskifahren für Kinder, außerdem wird ein Motorboot verliehen. Am gleichen Strandabschnitt hat auch **Nautilus Diving**, eine internationale Tauchschule (BSAC) mit Kursprogramm, ein Büro; eine Filiale gibt es in Moraitika (*Mesongi Beach Hotel*; Tel. 26610-83045, Bürozeiten tägl. 17–19 Uhr).

Ausflüge

Albanien	151
Parga	153
Paxos (Paxoi) und Antipaxos (Antipaxoi)	154

Ausflüge

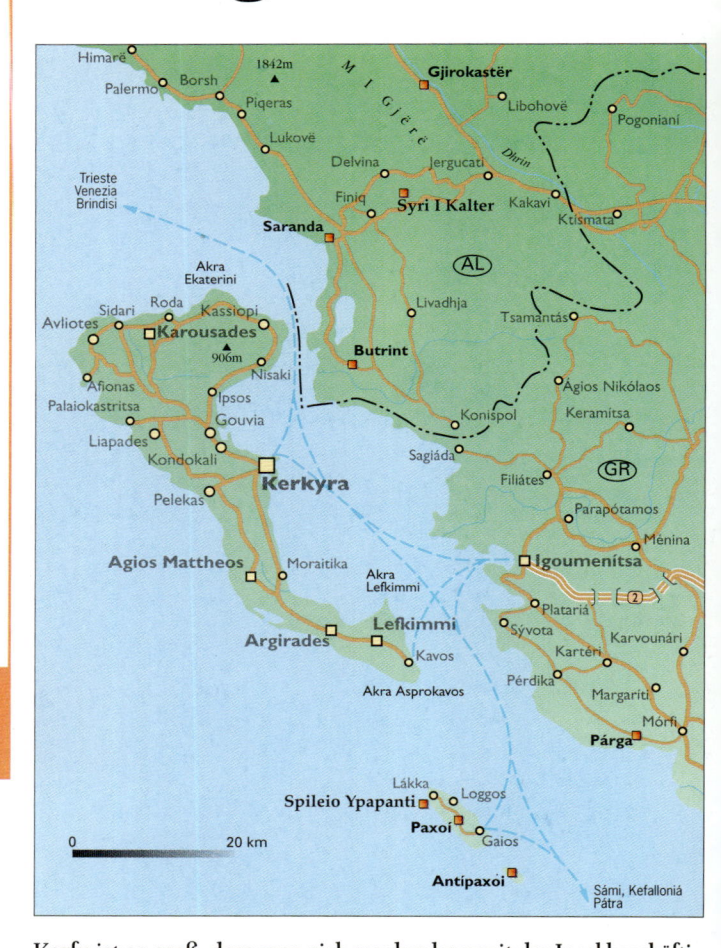

Korfu ist so groß, dass man sich wochenlang mit der Insel beschäftigen könnte. Wer aber Lust auf etwas Neues hat, kann von Korfu aus interessante Ausflüge unternehmen. Eine Möglichkeit ist die Fahrt auf das griechische Festland, das andere Facetten des griechischen Lebens aufzeigt, eine weitere die Fahrt nach Albanien, eines der faszinierendsten Länder Europas. Die ruhige Nachbarinsel Paxos lässt sich im Rahmen eines Tagesausflugs besuchen; manchmal steht die noch kleinere Insel Antipaxos ebenfalls auf dem Programm. Je nachdem, wo man auf Korfu wohnt, ist auch der Ferienort Parga auf dem griechischen Festland ein lohnendes Ziel. Die Reisebüros auf der Insel helfen bei der Organisation.

Albanien

Die kürzeste Entfernung zwischen Korfu und Albanien beträgt gerade einmal 2,5 km. Das Land hat sich in den letzten Jahren mehr und mehr dem Tourismus geöffnet und lässt sich nun problemlos von Korfu aus besuchen. Albanien hat eine phantastische Bergwelt, zauberhafte Quellen und antike Ruinen.

Oben: Die lebhafte Hafenstadt Saranda in Albanien

Seite 149: Korfiotische Pflanze mit der Küste Albaniens im Hintergrund

Nach dem Zweiten Weltkrieg kam in Albanien Diktator Enver Hoxha an die Macht. Unter seinem kommunistischen Regime wurde das Land völlig von der Außenwelt isoliert, erst 1991 fielen die Grenzen. In den letzten Jahren hat die sich langsam entwickelnde Tourismusindustrie damit begonnen, die lang verborgenen Reize Albaniens für Besucher zu erschließen. Die Straßen sind zwar manchmal ein bisschen holperig, doch die Landschaft einfach herrlich – zum Teil unberührte Natur, zum Teil Agrarland, und das alles vor der Kulisse hoher zerklüfteter Berge.

Saranda

Die Hafenstadt Agii Saranda schüttelt langsam ihr Negativimage ab – entlang der Küste wurden neue Hotels und Villen gebaut. An der von Palmen gesäumten Promenade am Meer locken schicke Cafés, Kneipen und Restaurants, in denen frische Meeresfrüchte auf den Tisch kommen. Neben der Promenade ist der tägliche Markt in der Innenstadt die Hauptattraktion des Ortes. Einige Reiseunternehmen legen in der Burg Lekuresi hoch oben auf dem Berg über der Stadt eine Kaffeepause ein. Von der Burg bietet sich ein herrlicher Blick über das Meer.

Butrint

Butrint – von der Unesco zum Weltkulturerbe erklärt – ist heute Teil des 29 km² großen Nationalparks (Tel. 355-852-4600; tägl. geöffnet). In den Parkgrenzen liegen Feuchtgebiete an der Küste, auch eine Hälfte des Butrint-Sees gehört zum Schutzgebiet.
Butrint war schon zu prähistorischen Zeiten besiedelt. Vergil zufolge gründeten Flüchtlinge nach dem Fall von Troja die Siedlung.

Ausflüge

Die riesigen Steinquader des Verteidigungswalls sind der älteste Teil der Festung. Im Amphitheater fanden 2500 Personen Platz, ein Tempel, eine Promenade und das Löwentor stammen aus hellenistischer Zeit. Im 1. Jh. v. Chr. bauten die Römer dann die Stadt aus. Die Basilika und das Baptisterium mit wunderschönen Bodenmosaiken (jetzt zum Schutz mit Sand bedeckt) datieren aus byzantinischen Tagen. Im 15. und 16. Jh. wurde oben auf der Akropolis eine venezianische Burg errichtet. Anfang des 19. Jhs. kam Butrint unter die Herrschaft des Despoten Ali Pascha; die Ruinen seiner Burg stehen an der Mündung des Vivari-Kanals. Von 1850 an war Butrint dann nicht mehr bewohnt; die Ausgrabungsarbeiten begannen in den 1920er-Jahren. Führungen dauern rund 90 Minuten, doch viele wollen gerne länger in dieser gut erhaltenen historischen Stätte bleiben. Wer auf eigene Faust unterwegs ist, kann auf einem der Wanderwege im Nationalpark wandern.

Sri i Kalter (Blaues Auge)

Wer Sri i Kalter – 22 km von Saranda entfernt – besucht, bekommt einen kleinen Einblick in das grüne albanische Hinterland. Sri i Kalter, eine unterirdische, sehr tiefe Quelle, kommt in einem leuchtend blauen See an die Oberfläche. Der See liegt in einem beschaulichen Hain. Eine Legende besagt, dass der zwölfköpfige Drachen Kulcedra die Quelle bewachte und den Dorfbewohnern solange das Wasser versagte, bis sie ihm einige Mädchen opferten. In der Mittagssonne leuchtet der See besonders blau. Dank der hohen Bäume und des breiten Bachs ist es hier kühler als an der Küste. Neben dem Bach liegt eine Café-Bar.

Die als »Blaues Auge« bekannte Quelle

Gjirokastro

Bei längeren Ausflügen steht meist auch Gjirokastro auf dem Programm; es wurde von der Unesco zum Weltkulturerbe erklärt. Der attraktive Ort hat steile Kopfsteinpflastergassen; die traditionellen albanischen Häuser ziehen sich bis zur Festung oben auf dem Berg hinauf. Das türkisch inspirierte Anwesen, in dem Enver Hoxha zur Welt kam, brannte 1916 ab, wurde jedoch 1966 neu aufgebaut und beherbergt heute das Ethnografische Museum. Die vielen Säle vermitteln einen Einblick in das Leben einer wohlhabenden, patriarchalischen Großfamilie. In der wuchtigen Burg aus dem 13. Jh., die zeitweise als Gefängnis diente, werden Führung angeboten. In einigen Räumen zeigt ein Museum Waffen, die ältesten stammen aus der Steinzeit, die jüngsten aus dem Zweiten Weltkrieg.

Anfahrt

Die Ausflüge nach Saranda beginnen im Neuen Hafen von Korfu-Stadt. Das Tragflügelboot verkehrt jeden Tag; die Überfahrt dauert 35 Minuten. Ausflugsschiffe fahren von Mai bis Oktober (in der Hochsaison tägl.) und sind zwei Stunden unterwegs. Sipa Tours (Tel. 26610-56415; www.sipatours.com) bietet zwei-, sieben- und elftägige Touren zu den oben genannten Orten. Tagesausflüge werden von vielen Reisebüros angeboten, auch wenn es direkt bei Petrakis (Tel. 26610-25155; www.ionian-cruises.com) im neuen Hafen von Korfu-Stadt billiger ist.

Parga

Parga ist der schönste und beliebteste Ferienort an der griechischen Nordwestküste. Die weiß getünchten Häuser sind mit bunten Blumen geschmückt und liegen reizvoll zwischen bewaldeten Hügeln und blaugrünen Buchten mit mehreren Inseln.

Der Urlaubsort befindet sich ziemlich genau östlich von Paxos (▶ 154f); die meisten Schiffsausflüge legen hier einen Halt ein. In der Regel reicht die Zeit für einen kurzen Spaziergang zu den Ruinen der venezianischen Festung. Von dort bietet sich ein zauberhafter Blick über den malerischen Hafen und die zerklüfteten und mit Sträuchern bewachsenen Inseln. Auf der winzigen Insel Panagia steht eine weiß getünchte Kirche. Wer an der Burgmauer entlang auf den Hügel klettert, wird mit einem noch schöneren Blick in die nächste Bucht Valtos belohnt. Der lange Sandstrand ist der schönste in Parga. In 20 Minuten ist die Landspitze überquert, man kann aber auch alternativ ein Wassertaxi nehmen. Wer schwimmen will, kann dies am lebhaften Stadtstrand tun oder zu den weiter nördlich liegenden zwei kleineren Stränden laufen.

Übernachtungen müssen rechtzeitig gebucht werden: Parga ist ein beliebter Ferienort, in der Hochsaison werden die Zimmer schnell knapp.

Anfahrt

Unten: Parga lässt sich von Korfu-Stadt aus problemlos erreichen

Petrakis, (Eth. Antistaseos 4, Neuer Hafen, Korfu-Stadt, Tel. 26610-25155; www.ionian-cruises.com) bieten in der Hochsaison wöchentlich mehrere Ausflüge nach Parga und Paxos an. Außerhalb der Saison besteht kein Fährverkehr von Korfu-Stadt nach Parga, evt. muss man über Igoumenitsa auf dem Festland fahren.

Paxos und Antipaxos

Paxos, die kleinste der sieben Ionischen Inseln, liegt nur 14 km südlich von Korfu. Wegen seiner malerischen Dörfer und dem grünen Inland eignet es sich perfekt für alle, die Ruhe und Erholung suchen oder einen Tagesausflug machen wollen. Boote fahren zu den beeindruckenden Grotten am Meer und zu den idyllischen Stränden der noch winzigeren Insel Antipaxos.

Paxos (Paxoi)

Der griechischen Mythologie zufolge schuf Poseidon die Insel, indem er mit seinem Dreizack die Südspitze der Insel Korfu abschlug, um für sich und seine Geliebte Amphitrite ein Lie-

besnest zu schaffen. Den Dreizack verlor er dabei, doch die Inselbewohner fanden ihn und machten ihn zu ihrem Emblem.

Fischerboote im Hafen von Gaios

Heute ist Paxos ein schicker Urlaubsort, in dem vor allem Engländer und Italiener urlauben. In den drei Hafenorten tummeln sich die Segler. In der Hochsaison strömen Schiffsladungen von Tagesausflüglern aus Korfu und Parga an Land – dann ist es mit der Beschaulichkeit der Hauptstadt Gaios endgültig vorbei.

Den Osten der Insel prägen sanfte Hügel, im Westen dominieren hoch aufragenden Klippen. Paxos ist auffallend grün – das verdankt die Insel den Venezianern, die hier rund 250 000 Olivenbäume pflanzten. Die mit Mauern eingefassten Olivenhaine in den Hügeln und Tälern bilden die wirtschaftliche Basis der Bevölkerung. Zwischen Magazia und Fontana steht in einem über 500 Jahre alten Olivenhain ein uralter Olivenbaum. Sein

Paxos und Antipaxos

Stammumfang ist so gewaltig, dass ihn nur fünf Männer mit ausgebreiteten Armen umfassen können. Das Olivenöl von Paxos ist qualitativ sehr hochwertig und dementsprechend teuer.

Paxos hat keine Sandstrände, an denen sich das kristallklare Meer genießen lässt, dafür aber einige flache Felsen und Kiesstrände.

Die Insel eignet sich perfekt zum Wandern: Schön angelegte Wege führen durch Olivenhaine zu kleinen Weilern. Unter den Bäumen verstecken sich Dutzende kleine Kirchen, alte Olivenpressen und verlassene Steinhäuser, während auf den Hügeln die Ruinen von Windmühlen zu erkennen sind. Von Magazía in der Mitte der Insel ist es nur ein kurzer Spaziergang zur Kirche Agii Apostoli hoch oben auf dem Berg: Von dort bietet sich ein herrlicher Blick über die Kreideklippen von Erimítis.

Malerische Hafenstädtchen

Die drei Hafenorte von Paxos sind die einzigen Orte der Insel, die auch diesen Namen verdienen. Alle Fähren und Tragflächenboote landen in der malerischen Hauptstadt Gaios an, wo sich verwitterte Häuser am Meer entlang ziehen. Manche Ausflugsschiffe fahren auch Lakka und Loggos an. Gegenüber der Stadt liegen auf der anderen Seite eines Kanals zwei Inselchen: das mit Kiefern bedeckte Agios Nikolaos mit der Ruine einer venezianischen Festung aus dem 15. Jh. sowie Panagia mit einem Leuchtturm und einer der hl. Jungfrau Maria geweihten Kirche.

Um den Platz gruppieren sich mehrere Tavernen, weitere Geschäfte und Café-Bars liegen in den Gassen hinter der Promenade. Die Kirche St. Apostoli ragt mitten am Platz auf. Ein Stück weiter zeigt das Stadtmuseum am Ufer einige ungewöhnliche Exponate.

Der Kieselstrand ist nichts besonderes, besser ist es, ein *caïque* zu nehmen und sich zu einem schöneren Strand schippern zu lassen. Einer der besten Strände liegt bei Lakka, einem hübschen Städtchen an einer hufeisenförmigen Bucht an der Nordküste. Häuser im venezianischen Stil und Lokale säumen den kleinen Dorfplatz; weitere Cafés und Lokale gibt es an der Promenade am Meer. Lakka ist das Segel- und Wassersportzentrum der Insel. Auf der Westseite der Bucht liegen zwei schöne Kieselstrände.

Der kleinste Hafen – Loggos (Longos) – liegt zwischen den beiden anderen Orten an der Ostküste. Er ist der hübscheste der drei Hafenorte: An der Mole dümpeln Schiffe, am Ufer stehen ein paar Tavernen.

Blaue Grotten

Der beliebteste Bootsausflug führt zu den Blauen Grotten. Die imposanten Meereshöhlen liegen unterhalb der zerklüfteten Klippen an der Westküste. Die Boote fahren direkt in die Grotte hinein, innen nimmt das Wasser eine fast schon unwirklich blaue Farbe an. Das Meer ist hier bis zu 90 m tief, ein griechisches U-Boot soll sich im Zweiten Weltkrieg in der größten Höhle (Ipapandi) versteckt haben. Einen phantastischen Blick bietet sich von der Grotte in Ortholithos: ein wuchtiger Steinmonolith ragt hier einsam beim Eingang auf. Die Fahrten zu den Grotten starten von Gaios oder Lakka, bei vielen Tagesausflügen sind sie ein Programmpunkt.

Antipaxos (Antipaxoi)

Die schönsten Strände hat die Insel Antipaxos im Süden. Zwei Traumstrände liegen an der Ostküste: Vrika und Voutoumi, wo sich der goldene Sandstrand am türkisblauen Meer entlang zieht. Bis auf ein paar Tavernen ist hier allerdings nichts los. In der Hochsaison wird es sehr voll, wenn die Sonnenanbeter von den Ausflugsschiffen und Yachten hierher strömen.

Anfahrt

Petrakis, (Eth. Antistaseos 4, Neuer Hafen, Korfu-Stadt, Tel. 26610-25155; www.ionian-cruises.com) bietet mehrmals pro Woche Ausflüge an, die auch in Paxos und Antipaxos Station machen. Meist legen die Schiffe für ein paar Stunden in Gaios an. Wer auch den Rest der Insel besichtigen will, sollte hier übernachten. In der Hochsaison sind Zimmer Mangelware – also unbedingt reservieren. **AirSea Lines** (El. Venizelou 32, Alter Hafen, Korfu-Stadt, Tel. 26610-49800 oder Gouvia Marina, Tel. 26610-99316, www.airsealines.com) bietet täglich eine schnelle Verbindung mit dem Tragflügelboot von Korfu nach Paxos und zurück an.

Museum von Paxos
☎ 26620-32566 ⏰ tägl. 11–13, 19.30–22.30 Uhr

S. 157: Enge Gasse in Korfu-Stadt

Unten: Das Tragflügelboot Flying Dolphin pendelt zwischen Korfu und Paxos

Spaziergänge & Touren

1 Die Altstadt von Korfu-Stadt 158
2 In der Heimat von Lawrence Durrell 162
3 Pantokrator 165
4 Über die Insel nach Palaikastritsa 168

158 Spaziergänge & Touren

1 Die Altstadt von Korfu-Stadt

Spaziergang

LÄNGE: 4 km **DAUER:** 1–2 Stunden
START/ZIEL: Voulgareos am Liston ♦ 183 E2

Zu den Höhepunkten eines Besuchs der Stadt Korfu zählt ein Spaziergang durch die malerischen Straßen der Altstadt (Campiello) mit ihrem Gassengewirr, den steilen Treppen und den Häusern mit bunten Fensterläden und schmucken Balkonen.

1-2

Der Spaziergang beginnt am Ende des **Liston** (▶ 67f). Bummeln Sie in Richtung Westen die Voulgareos hinunter. Bei großer Hitze oder Regen bieten die Arkaden Schutz. Seit venezianischen Zeiten gehen unter den Arkaden Silberschmiede ihren Geschäften nach.
Nun biegen Sie in die erste mögliche Straße links ein – kurz vor den Fahnen, die am Eingang des Rathauses flattern. Die Straße führt zum **Platia Dimarcheio** (Rathausplatz, ▶ 68f). Auf der linken Seite ragt die **Mitropolis** (katholische Kathedrale) auf. Entlang der Treppe zum ehemaligen Erzbischofspalast

Die Statue von Georgios Theotokis auf der Platia Dimarcheio

Die Altstadt von Korfu-Stadt

liegen Gärten mit Terrassen und einem Brunnen; im ehemaligen Palast residiert heute die Bank of Greece.

2–3
Verlassen Sie den Platz nun an der anderen Seite des Rathauses, überqueren Sie die Voulgareos und spazieren Sie auf der M. Theotoki geradeaus weiter. Der Weg führt am kleinen Plateia Pinia (Pinia-Platz) mit der Kopie eines venezianischen Brunnens vorbei. Die rechts abbiegende N. Theotoki leitet zum Plateia Iroon (Iroon-Platz). Die Kirche Faneromensis an der Ostseite wurde 1689 gebaut. Der Kirchenraum mit vergoldetem Holz und Ikonen ist ein Werk kretischer Maler. Gegenüber liegt die Ionische Bank mit dem Mouseio Hartovomismaton (Papiergeld-Museum). Am Südende des Platzes ragt die ehemalige Kathedrale St. Johannes der Täufer

auf; sie wurde 1520 gebaut. In der Mitte des Platzes steht die Statue des Politikers Georgios Theotokis (1843–1916), er war einer der ersten Premierminister Griechenlands. Die Familie flüchtete im 15. Jh. aus der Türkei nach Korfu und wurde eine der einflussreichsten Familien der Insel – aus ihr gingen Gelehrte, Priester und Politiker hervor.

3–4
Hinter der Statue biegen Sie nun links in eine Gasse ein und gehen die Stufen zur **Agios Spyridon** (St. Spyridon, ▶ 56f) hinauf. Nach der Besichtigung verlassen Sie das Gotteshaus durch die gegenüberliegende Tür und bummeln dann links die Spyridon hinunter. An ihrem Ende geht es links in die Filarmonikis.

4–5
Überqueren Sie die N. Theotoki und biegen Sie dann in die schmale Straße zwischen dem Tabakladen und dem Lebensmittelgeschäft ein. Wenn Sie sich links halten, kommen Sie wie-

Spaziergänge & Touren

der auf den Plateia Pinia. Hier biegen Sie in die Vrahlioti ab, die zum Plateia Evangelistrias (Evangelisten-Platz) mit einem Glockenturm führt. Der Turm ist die einzige Erinnerung an die Evangelistenkirche aus dem 16. Jh.

5-6
Überqueren Sie den Platz und spazieren Sie wieder die Voulgareos hinunter. Die erste Querstraße rechts ist die Palaiologou, Schilder leiten nach Spilia und zur jüdischen Gemeinde. Hinter dem Blumenbeet neben Rosie's Bakery (siehe Kleine Pause) halten Sie sich links. Geschäfte und Cafés säumen die schmale Straße.

6-7
Kurz bevor die Straße zu Ende ist, biegen Sie in die Solomou ab. Auf der rechten Seite liegt ein Platz mit Kaffeetischen. Am hinteren Ende befindet sich ein Denkmal, das der 2000 Juden der Insel gedenkt, die 1944 während der Nazi-Herrschaft in Konzentrationslagern ermordet wurden. Die Solomou führt nun weiter bergauf und an einer Kirche vorbei zum Eingang der Neuen Festung, **Neo Frourio** (▶ 67).

Der palmengesäumte Eingang zur Neuen Festung

Die Altstadt von Korfu-Stadt

7-8

Spazieren Sie nun wieder zurück bis ans Ende der Solomou, wo Sie links und gleich wieder rechts abbiegen, um die winzige Prosalendiou hinunterzubummeln. Biegen Sie in die erste Gasse rechts ein (Alipiou), halten Sie sich weiter rechts und spazieren Sie – bergauf – an der Palme vorbei. Oben nehmen Sie die zweite links, es ist die Ay. Theodoras (kein Straßenschild): sie führt zu einer Treppe, an deren Ende dann die orthodoxe Kathedrale aufragt.

8-9

Weiter geht es auf der Ay. Theodoras bis zu einem kleinen Platz. Über die zweite links – die Kominon – erreichen Sie einen Torbogen und am Ende der Treppe den Plateia Kremasti (Kremasti-Platz). Hier stehen ein venezianischer Brunnen sowie das nach ihm benannte Restaurant (▶ 74).

Der Brunnen am Kremasti-Platz

Hinter dem Brunnen nehmen Sie die erste Straße rechts, um wieder zur Ay. Theodoras zu spazieren. Nachdem Sie die Straße überquert haben, gehen Sie die Ay. Nikolaou hinunter. Jetzt sehen Sie schon den Turm von St. Spyridon vor sich. Sobald Sie einen kleinen Platz erreicht haben, biegen Sie rechts ab und dann gleich wieder links in die Dousmani. Sind Sie bei den Läden an der T-Kreuzung angekommen, geht es rechts die Treppen hinunter. Unten halten Sie sich wieder rechts und bummeln die Einkaufsstraße hinunter, um dann in die erste links (St. Spyridon) abzubiegen. Sie führt wieder zur Kapodistriou, wo Sie rechts abbiegen und wieder den Ausgangspunkt erreichen.

Kleine Pause

In der Palaiologou 71 sollten Sie **Rosie's Bakery** einen Besuch abstatten. Hier gibt es traditionelle Kuchen aus Korfu, Gebäck und Pralinen – alles aus Bio-Zutaten und ohne Milchprodukte. Rosie macht auch Salzgebäck, Pizzen sowie Käse- und Gemüsepasteten – und den besten Cappuccino in der ganzen Stadt.

162 Spaziergänge & Touren

2 In der Heimat von Lawrence Durrell
Wanderung

LÄNGE: 3 km **DAUER:** 1½ Stunden
START: Kaminaki-Strand ✚ 183 E4 **ZIEL:** Kalami ✚ 183 F4

Einer der berühmtesten Orte auf Korfu ist das White House in Kalami, in dem der Schriftsteller Lawrence Durrell (▶ 11, 85 und 100) von 1935 bis 1939 wohnte. Die beschriebene Wanderung führt entlang der Küste und einer Handvoll idyllischer Buchten zu seinem Wohnhaus. Im Frühling empfiehlt sich die Wanderung wegen der Blüte der Wildblumen, im Sommer wegen des vielen Schattens.

1–2
Ausgangspunkt ist der Kaminaki-Strand nördlich von Nisaki. Halten Sie nach der kleinen Shell-Tankstelle Ausschau, ein paar hundert Meter weiter kommt dann schon der kleine Abzweig rechts nach Kaminaki. Es gibt nur wenige Parkplätze, am besten lassen Sie den Wagen also am Straßenrand stehen

Der idyllische Wanderweg von Kaminaki nach Kalami führt an der Küste entlang

In der Heimat von Lawrence Durrell

und gehen zu Fuß zum Strand hinunter. Am Strand halten Sie sich links, am Ende führt vom Bootshaus ein befestigter Weg zwischen Feigenkakteen und Salbeibüschen bergauf. Bald wird daraus ein Trampelpfad, der oberhalb der Küste verläuft. Nach ein paar Minuten sind Sie am **Nissaki-Strand** (▶ 93).

2–3
Am Strand entlang wandern Sie nun zum *Nisaki Beach Hotel* (▶ 98), wo Sie das Hotelgelände durchqueren (der Pool liegt rechts). Am Hintereingang zum Hotel geht der Pfad weiter. Auf dem Weg zur nächsten Bucht sollten Sie nach der kleinen Kapelle Agios Arseniou Ausschau halten – sie liegt direkt in den Felsen am Meer. Durrell nahm hier gern ein Bad.

3–4
Nach ein paar Minuten gabelt sich der Weg. Gehen Sie den breiteren linken Pfad ein paar Steinstufen hinauf. Oben geht es dann auf dem linken breiteren Weg weiter. Biegen Sie dann rechts ab und wandern Sie links an der Mauer entlang bergauf, mit Blick über die Zypressen, die weiter unten stehen.

Nach einer Weile erreichen Sie eine Kreuzung. Der hintere linke Weg führt zur Hauptstraße zurück, der rechte zu ein paar neuen Villen hinunter. Nehmen Sie den Weg geradeaus und gehen Sie ein paar Treppen hinauf. Der schmale Pfad schlängelt sich um die Villen herum, aber Achtung: Wegen der Bauarbeiten kann sich die Streckenführung immer wieder ändern. Über ein paar Stufen geht es wieder hinunter zu einem befestigten Weg, der links auf den alten Weg nach Agni trifft. Bald kommt ein Schild, das zur *Taverna Nikolas* weist – Sie landen fast in der Küche.

4–5
Am Ende vom Agni-Strand geht es nun bergauf. Nach ein paar hundert Metern führt ein schmaler Trampelpfad rechts zu einer unberührten Bucht mit großen flachen Felsen, die zu einem Sonnenbad einladen. Auf dem Hauptweg kom-

Spaziergänge & Touren

Das White House oberhalb des Hafens von Kalami

men Sie zu einer T-Kreuzung. Biegen Sie links zum Strand ab und dann sofort wieder links; eine Steinmauer verläuft linker Hand. Der Weg führt zwischen eingezäunten Gärten hindurch und biegt dann rechts ab. Hinter den Gärten biegen Sie links ab, um bergauf bis zu einer Straße zu marschieren, die sich über die Landzunge bis **Kalami** (➤ 85) schlängelt. Nun sehen Sie vor sich schon das White House, in dem Lawrence Durrell lebte.

Kleine Pause
Die *Taverna Nikolas* (Tel. 26630-91243) und die *Taverna Agni* (➤ 99) liegen beide schön am Agni-Strand. Das *White House* (➤ 100) in Kalami ist als Lokal ebenfalls sehr empfehlenswert.

Pantokrator (Pandokratoras)

3 Pantokrator (Pandokratoras)
Rundfahrt

Mit 906 m ist der Pantokrator der höchste Berg Korfus. Die beschriebene Autofahrt führt über eine kurvenreiche, aber erstaunlich gute Bergstraße bis zum Gipfel, es geht durch eine abwechslungsreiche Landschaft mit hübschen alten Dörfern. Von oben bietet sich in alle vier Himmelsrichtungen ein grandioser Blick über die Küste. Den Schlusspunkt setzt ein schönes Kloster.

LÄNGE: 66 km **DAUER:** 2½ Stunden
START/ZIEL: Nisaki-Strand 183 E4

Innenstadt mit malerischen alten Gebäuden wird die Straße dann immer schmäler. Im Zentrum stehen ein rosa Glockenturm mit rotem Dach, die Kirche und das Rathaus.

3–4
Nachdem Sie Spartylas verlassen haben, kommen Sie an weiteren Olivenhainen und Bienenstöcken vorbei. Nach 1 km biegen Sie rechts in Richtung Petalia ab; der Pantokrator ist bereits ausgeschildert. Statt der Zypressen wachsen nun niedrige Sträucher, Salbei und andere Kräuter; im Frühling färbt der Ginster die Landschaft gelb. Nach 6 km ist das Dörfchen Strinylas mit der schattigen Taverne Oasis erreicht. Hinter dem Ort gabelt sich die Straße vor Petalia: Halten Sie sich dort rechts in Richtung Pantokrator.

Detail aus dem Kloster auf dem Pantokrator

1–2
Verlassen Sie **Nisaki** (▶ 93) auf der Hauptküstenstraße in Richtung Süden. Nach rund 4 km biegen Sie rechts nach Spartylas ab. Die schmale, einspurige Straße führt durch Olivenhaine und terrassierte, mit Steinmauern befestigte Hügel, auch ein paar verfallene Häuser sind zu sehen. Am Stoppschild – dort, wo die Straße auf die Straße von Pyrgi (Pirgi) trifft –, biegen Sie rechts ab.

2–3
Während der Fahrt den Berg hinauf bieten sich schöne Ausblicke über die Ypsos (Ipsos)-Bucht. Nach 5 km mit unzähligen Haarnadelkurven ist Spartylas erreicht. Die Stadt ist recht groß, hat schmucke Häuser und Gärten und liegt inmitten von Olivenbäumen und Blumen. In der

Spaziergänge & Touren

Kleine Pause
In **Spartylas** gibt es mehrere Cafés und Tavernen. Das *Café auf dem Gipfel* verkauft Getränke und Snacks. Die beliebten *Taverna Oasis* in Strinylas und die Taverne *The Fog* in Petalia liegen beide unten im Tal am Beginn der Bergstraße.

4–5
Von hier sind es noch weitere 5 km bis zum Gipfel, aber die kahle Spitze, die Sendemasten und die schlichte Fassade des Klosters sind schon zu sehen. Stellen Sie Ihr Auto am Straßenrand ab, denn oben gibt es nur wenige Parkplätze. Das **Kloster** (▶ 83f) ist innen wunderschön, doch ist der traumhafte Panoramablick nach Albanien, zum griechischen Festland und zu den Inseln **Paxos** und **Antipaxos** (▶ 154f) eine ernsthafte Konkurrenz.

5–6
Nun fahren Sie den Berg auf dem gleichen Weg wieder hinunter. An der Gabelung nehmen Sie den rechten Abzweig nach Petalia. Am

Die Hauptstraße schlängelt sich den Berg hinunter

Pantokrator (Pandokratoras) 167

Im Weiler Trimodi klammern sich die Steinhäuser an die Hänge. Nach 2 km sind Sie schon im hübschen Dorf Lafki.

7-8

Der beliebte Ferienort **Acharavi** (► 94, 96) am Meer ist ab Lafki ausgeschildert. Nur 2 km nach dem Dorf Agios Martinus finden Sie sich in Olivenhainen wieder. Folgen Sie nun der Beschilderung ins 3 km entfernte Acharavi, dort ist auch wieder die Hauptküstenstraße erreicht. Rechts geht es ins 18 km entfernt liegende Nisaki.

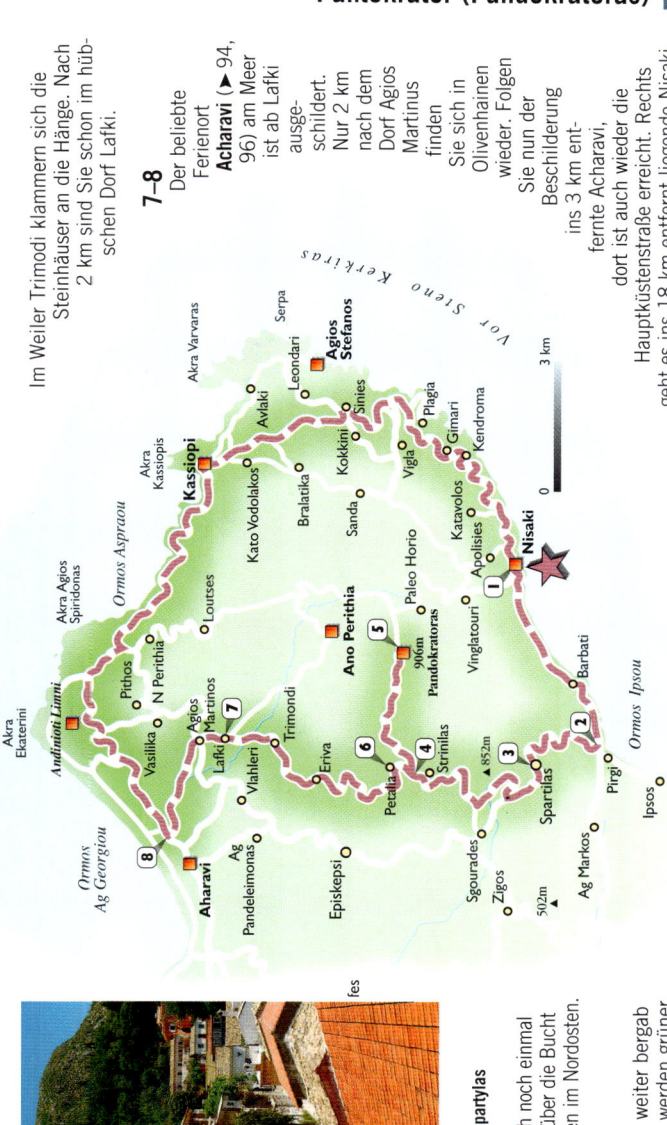

Traditionelle Häuser in Spartylas

Ortsausgang bietet sich noch einmal ein traumhafter Blick über die Bucht von Apraos bis Albanien im Nordosten.

6-7

Die Straße führt nun weiter bergab zur Küste; die Hügel werden grüner.

Spaziergänge & Touren

4 Über die Insel nach Palaikastritsa
Rundfahrt

Im 19. Jh. baute der britische Lordhochkommissar Sir Frederick Adam eine Straße quer über die Insel, um schneller nach Palaikastritsa zu kommen. Eine landschaftliche reizvolle Strecke führt durch schmucke Dörfer und die idyllische Ropa-Ebene nach Palaikastritsa. Die Fahrt beginnt in Korfu-Stadt.

LÄNGE: 36 km nach Palaikastritsa, 64 km Rundfahrt **START:** Flughafen von Korfu 🗺 183 E2
2½ Stunden Rundfahrt ohne Pausen **DAUER:** 90 Minuten bis Palaikastritsa,
ZIEL: Palaikastritsa oder Korfu-Stadt 🗺 183 E2

1–2
Vom Flughafen kommend, biegen Sie links auf die Straße zum Achilleion-Palast und nach Lefkimmi ab. Nach 1 km folgen Sie rechts dem Schild nach Pelekas. Dann geht es am Ende der kurzen Straße wieder links und weiter auf der Straße nach Pelekas durch die Vorstädte von Korfu-Stadt (ca. 10 Minuten).

2–3
Am Schild nach Afra biegen Sie rechts ab. (Achtung: Es hat den Anschein, als gehe es geradeaus weiter, aber es handelt sich um eine Abzweigung.) Überqueren Sie eine kleine Brücke; die schmale Straße schlängelt sich nun 2 km bergauf, vorbei an hübschen Häusern mit bunten Gärten. Hinter dem Dorf, gleich nach dem Olivenhain, kommt ein Stoppschild. Fahren Sie hier auf der von Zypressen gesäumten Straße geradeaus weiter (Schild nach Gouvia) und überqueren Sie eine einspurige Brücke. Am nächsten Stoppschild biegen Sie links nach Gouvia ab, nach ein paar Metern biegen Sie nach rechts ab und folgen der Ausschilderung nach Temploni.

3–4
Die Straße schlängelt sich durch eine ländlich geprägte Landschaft. Im Frühling blühen bunte Blumen, über Salbei und Olivenbäume hinweg reicht die Sicht bis zu den Bergen in der Ferne. Hinter dem Dörfchen Temploni können Sie einen ersten Blick auf die Ropa-Ebene werfen, bevor Sie ins Tal hinunterfahren.

4–5
Am Ende der Straße biegen Sie rechts nach Palaikastritsa ab. Nach ein paar hundert Metern nehmen Sie die erste Straße links (Schild: Giannades und Marmaro). Nun geht es durch die grüne Ropa-Ebene: Weingärten mit Bienenstöcken umgeben die hübschen Landhäuser. Am Ende der Ebene fahren Sie einfach bergauf nach Giannades weiter (Schilder nach Marmaro und Kanakades ignorieren!), von oben haben sie einen herrlichen Blick zurück auf die Ebene.

Eine Frau aus Marmaro im Schatten vor ihrem Haus

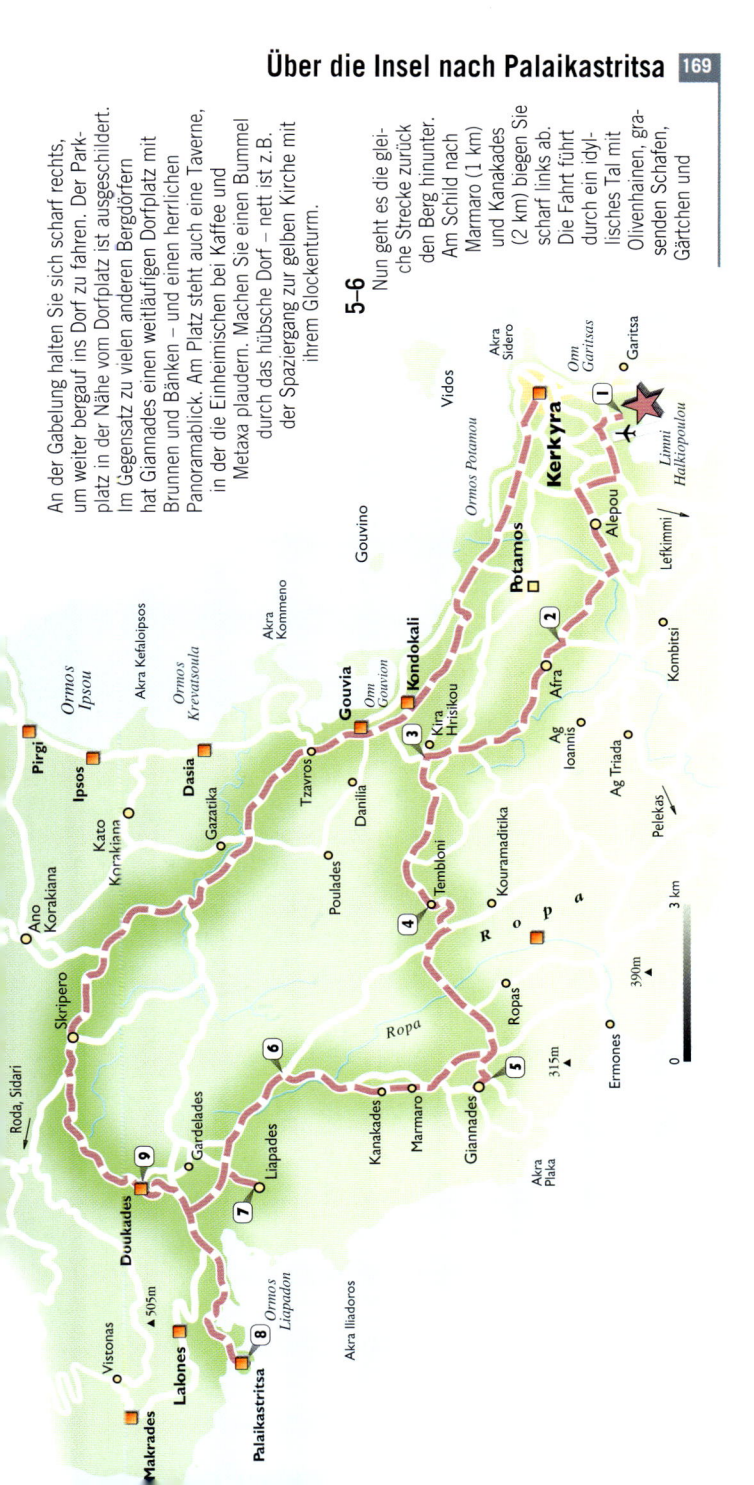

Über die Insel nach Palaikastritsa

An der Gabelung halten Sie sich scharf rechts, um weiter bergauf ins Dorf zu fahren. Der Parkplatz in der Nähe vom Dorfplatz ist ausgeschildert. Im Gegensatz zu vielen anderen Bergdörfern hat Giannades einen weitläufigen Dorfplatz mit Brunnen und Bänken – und einen herrlichen Panoramablick. Am Platz steht auch eine Taverne, in der die Einheimischen bei Kaffee und Metaxa plaudern. Machen Sie einen Bummel durch das hübsche Dorf – nett ist z.B. der Spaziergang zur gelben Kirche mit ihrem Glockenturm.

5–6

Nun geht es die gleiche Strecke zurück den Berg hinunter. Am Schild nach Marmaro (1 km) und Kanakades (2 km) biegen Sie scharf links ab. Die Fahrt führt durch ein idyllisches Tal mit Olivenhainen, grasenden Schafen, Gärtchen und

Spaziergänge & Touren

Weinlauben. Anschließend durchqueren Sie auf der Hauptstraße die Ropa-Ebene.

6–7
Nun biegen Sie links ins 6 km entfernte Palaikastritsa ab. Nach 2 km kommt links ein Abzweig nach Liapades. Da die Dorfgassen sehr schmal und steil sind, parken Sie am besten bereits weiter unten und machen sich dann zu Fuß auf den Weg. Im Dorf trifft man noch auf Frauen in traditioneller Tracht mit weißen Kopftüchern. Wer nicht ins Dorf will, kann auch einen Abstecher zum schönen Strand von Liapades machen.

7–8
Hinter Liapades biegen Sie links in die Hauptstraße nach Palaikastritsa (➤ 112f) ein.

Kleine Pause
Palaikastritsa hat viele Lokale; zu den empfehlenswerten zählt das *Vrahos* (*The Rock*; ➤ 122). Wer echte Dorfatmosphäre schätzt, geht in Doukades ins *Elizabeth's* (➤ 121); es ist auf der ganzen Insel für seine gute Hausmannskost bekannt.

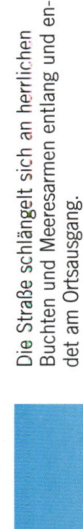

Die Straße schlängelt sich an herrlichen Buchten und Meeresarmen entlang und endet am Ortsausgang.

8–9
Wer schnell nach Korfu-Stadt zurück will, wählt die Hauptstraße (26 km); wer Zeit hat, nimmt eine der malerischen Straßen zur Küste. Wenn Sie den Ort verlassen, sehen Sie rechts den Abzweig nach Glyfada und Ermones. Sie nehmen jedoch erst die nächste Abzweigung links (nicht ausgeschildert) nach Doukades. (Wer linker Hand eine BP-Tankstelle sieht, hat den Abzweig verpasst und muss umkehren.)

Am Stoppschild biegen Sie nun links ab und fahren nach **Doukades** (➤ 116): Das Dorf hat zwei Kirchen und ein Restaurant. Hinter dem Dorf weisen Schilder nach Roda, Sidari und Skripero. Die Landschaft ist wunderschön: Überall blühen der rote Mohnblumen und Wildblumen zwischen hohem Gras; Weinstöcke wachsen zwischen den Weinstöcken. Am Ende der Straße biegen Sie rechts auf die Hauptstraße in Richtung Korfu-Stadt ab. Beim nächsten Stoppschild geht es links nach Korfu-Stadt (14 km).

Blick über die Dächer von Liapades

Praktisches

172 Praktisches

REISEVORBEREITUNG

WICHTIGE PAPIERE

- ● Erforderlich
- ○ Empfohlen
- ▲ Nicht erforderlich

	Deutschland	Österreich	Schweiz
Pass/Personalausweis	●	●	●
Visum	▲	▲	▲
Weiter- oder Rückflugticket	▲	▲	▲
Impfungen (Tetanus und Polio)	▲	▲	▲
Krankenversicherung (► 176, Gesundheit)	▲	▲	▲
Reiseversicherung	○	○	○
Führerschein (national)	●	●	●
Kfz-Haftpflichtversicherung	●	●	●
Fahrzeugschein	●	●	●

REISEZEIT

Korfu

Hochsaison — Nebensaison

JAN	FEB	MÄRZ	APRIL	MAI	JUNI	JULI	AUG	SEPT	OKT	NOV	DEZ
14°C	15°C	16°C	19°C	23°C	28°C	31°C	32°C	28°C	23°C	19°C	16°C

Verregnet · Regnerisch · Bedeckt · Sonnig · Wechselhaft

Die Monate Mai und Juni eigenen sich gut für eine Reise nach Korfu, **da die Temperaturen steigen**, es aber noch nicht so heiß und nicht so voll ist. Wer Freude an Wildblumen hat und einen Regenguss in Kauf nimmt, sollte im April fahren. Im Juli und August ist es heiß, Niederschläge fallen – mit Ausnahme von Schauern – nur selten. Generell kann es aber ganzjährig regnen – deshalb ist Korfu ja auch eine der grünsten griechischen Inseln.
Hauptsaison ist von Ostern bis Oktober. Einige Hotels (in Korfu-Stadt) haben ganzjährig geöffnet, die meisten jedoch nur in diesem Zeitraum. Außerhalb der Saison ist das Angebot an Quartieren und Lokalen nicht so groß. Als Ziel für einen Winterurlaub eignet sich Korfu nicht; in Korfu-Stadt sind die Zimmerpreise in dieser Zeit entsprechend günstig.

INFORMATION VORAB

Websites
www.corfuonline.gr
www.ionianislands.gr
www.ratgeber-griechenland.de
www.griechenland-infos.de
www.corfu-islands.org

In Griechenland
Griechische Zentrale
für Fremdenverkehr
Athen, Amalias 26
(Sýntagma-Platz)
☎ (210) 331 0392

In Deutschland
Griechische Zentrale
für Fremdenverkehr
Neue Mainzer Straße 22,
60311 Frankfurt/Main
☎ (069)25 78 27-0

Praktisches

ANREISE

Mit dem Flugzeug: Es gibt keine **Linienflüge** direkt nach Korfu. Man muss in Athen umsteigen und dann einen Inlandsflug nehmen; die Flugzeit beträgt eine Stunde. Zwei Airlines stehen zur Auswahl, die nationale Fluggesellschaft Olympic Airways oder die private Fluglinie Aegean Airlines. Olympic fliegt dreimal wöchentlich von Thessaloniki nach Korfu.
Während der Saison werden **Direktcharterflüge** von zahlreichen Städten in Deutschland, Österreich und der Schweiz angeboten. Außerhalb der Hochsaison sind viele Sonderangebote erhältlich.

Mit dem Schiff: Es bestehen mehrere Fährverbindungen zwischen Korfu und Italien, zum Beispiel von Venedig (etwa 20 Std.), Ancona (15 Std.) oder Brindisi (9 Std.). Einige italienische Fähren machen auf dem Weg nach Patras (Festland) in Korfu Halt. Gute Schiffsverbindungen bestehen zwischen Igoumenitsa und Korfu-Stadt; es fährt das ganze Jahr über stündlich mindestens eine Autofähre, im Sommer sind es sogar noch mehr. Große Fähren brauchen für die Passage knapp zwei Stunden, kleinere Fähren haben in einer Stunde übergesetzt. Tragflügelboote legen die Strecke in 40 Minuten zurück, sind dafür aber teurer. Von Igoumenitsa fahren einige Fähren direkt nach Lefkímmi im Süden von Korfu, allerdings nicht so häufig. Die Fahrzeit liegt bei einer Stunde.

Mit dem Bus: Täglich fährt ein Bus von Athen nach Korfu, er braucht zehn bis elf Stunden über Igoumenítsa (Fähre).

ZEIT

In Griechenland gilt die Osteuropäische Zeit (MEZ + 1 Std.). Die Sommerzeit von Ende März bis Ende Oktober entspricht der Regelung in Deutschland, Österreich und der Schweiz. Der Zeitunterschied liegt somit ganzjährig bei plus einer Stunde.

WÄHRUNG

Währung: Zahlungsmittel ist der Euro (€). Centmünzen werden auch »leptá« genannt.

Kreditkarten: Die gängigen internationalen Kreditkarten werden in Hotels, Geschäften und in vielen Restaurants akzeptiert; einige der in diesem Führer genannten Lokale nehmen jedoch nur Bargeld. Wer ein Auto mieten will, braucht eine Kreditkarte. Geldautomaten finden sich in allen größeren Urlaubsorten. Wer seine Geheimnummer weiß, kann mit der Kreditkarte oder EC-Karte Geld abheben (Gebühr).

Schecks Banken, Wechselstuben und oft auch Reisebüros und Touristeninformationen lösen Reiseschecks ein. Banken finden sich nur in Korfu-Stadt und in den größeren Ferienorten. Generell ist der Wechselkurs in den Banken besser. Da die Gebühren nicht festgelegt sind, sollte man vergleichen. Griechische Postämter wechseln kein Geld.

In Österreich
Griechische Zentrale
für Fremdenverkehr
Opernring 8
1010 Wien
☎ (01)512 53 17/18

In der Schweiz
Griechische Zentrale
für Fremdenverkehr
Löwenstraße 25
8001 Zürich
☎ (01)221 01 05

174 Praktisches

DAS WICHTIGSTE VOR ORT

KONFEKTIONSGRÖSSEN

Deutschland	Griechenland		
46	46		
48	48		
50	50		
52	52		Anzüge
54	54		
56	56		
41	41		
42	42		
43	43		
44	44		Schuhe
45	45		
46	46		
37	37		
38	38		
39/40	39/40		
41	41		Hemden
42	42		
43	43		
34	34		
36	36		
38	38		
40	40		Damenbekleidung
42	42		
44	44		
36	36		
37	37		
38	38		
39	39		Schuhe
40	40		
41	41		

FEIERTAGE

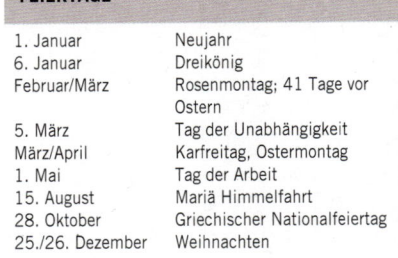

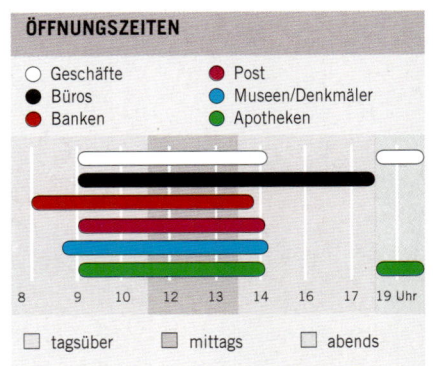

1. Januar	Neujahr
6. Januar	Dreikönig
Februar/März	Rosenmontag; 41 Tage vor Ostern
5. März	Tag der Unabhängigkeit
März/April	Karfreitag, Ostermontag
1. Mai	Tag der Arbeit
15. August	Mariä Himmelfahrt
28. Oktober	Griechischer Nationalfeiertag
25./26. Dezember	Weihnachten

ÖFFNUNGSZEITEN

○ Geschäfte ● Post
● Büros ● Museen/Denkmäler
● Banken ● Apotheken

8 9 10 12 13 14 16 17 19 Uhr

☐ tagsüber   ☐ mittags   ☐ abends

Viele **Geschäfte** und **Reisebüros** in den Touristenorten haben bis spät abends geöffnet, **Banken** und **Post** halten sich jedoch an die traditionellen Öffnungszeiten, nämlich Montag bis Freitag von 8 bis 13 oder 14 Uhr.
Apotheken haben in der Regel an den Wochentagen geöffnet, manche auch am Samstag. Die nächste 24-Stunden-Apotheke ist immer im Fenster angeschlagen (Auskunft: Tel. 107).
Kirchen sind meist den ganzen Tag über offen, manche aber nur früh am Morgen oder abends.
Museen: In diesem Führer sind jeweils die aktuellen Öffnungszeiten angegeben. Sie hängen generell von der Saison, der Jahreszeit und der Personalstärke ab; Änderungen sind durchaus möglich.

ZEITUNTERSCHIED

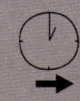

MEZ	Korfu	New York	Deutschland	Spanien	Sydney
13 Uhr	14 Uhr	7 Uhr	13 Uhr	13 Uhr	22 Uhr

Praktisches 175

SICHERHEIT

Korfu ist generell sicher, aber auch hier passiert natürlich immer wieder einmal etwas. Bei Problemen ist die Touristenpolizei (Tel. 26610-30265) zuständig. Zur eigenen Sicherheit sollte folgende Ratschläge berücksichtigt werden:
- Wertsachen immer im Hotelsafe deponieren – nie etwas am Strand oder sichtbar im Auto liegen lassen.
- Frauen werden ab und zu von einheimischen Schürzenjägern belästigt, was zwar unangenehm, aber nicht ernsthaft gefährlich ist. Am besten zeigt »frau« klar und unmissverständlich ihre Abneigung.

Polizei:
☎ **100 von jedem Telefon**

TELEFONIEREN

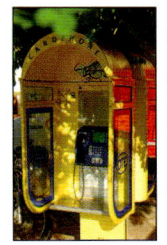

Für die öffentlichen Telefonzellen sind Telefonkarten der nationalen Telefongesellschaft OTE notwendig, sie werden überall verkauft. Für internationale Telefongespräche ist die Nutzung einer Guthabenkarte mit PIN günstiger, diese sind aber schwieriger zu finden. In kleineren Orten haben die Reisebüros meistens Direktwahltelefone. Die Telefonauskunft für Griechenland erreicht man unter 151, die internationale unter der Nummer 161.

Internationale Vorwahlen:
Deutschland:	00 49
Österreich:	00 43
Schweiz:	00 41

POST

In Korfu-Stadt und in den größeren Ferienorten gibt es Postämter. Die Hauptpost in Korfu-Stadt liegt an der Kreuzung der Straßen Alexandras und Zafiropoulou (Mo–Fr 7.30–20 Uhr). Ansonsten haben die Postämter auf Korfu Montag bis Freitag von 8 bis 14 Uhr offen. Die Briefkästen sind gelb.

ELEKTRIZITÄT

Die Stromspannung beträgt in ganz Griechenland 220 Volt. In die Steckdosen passen meist Europanormstecker mit zwei Rundkontakten; wenn nicht, braucht man einen Adapter.

TRINKGELD

Ein Trinkgeld wird bei allen Dienstleistungen erwartet. Als Faustregel gilt:

Taxis	Wechselgeld
Reiseleiter	3–5 €
Gepäckträger	3 € pro Gepäckstück
Zimmermädchen	2 € pro Tag
Cafés/Kneipen	Wechselgeld liegen lassen
Friseur	Wechselgeld
Restaurant	10–15 % oder Wechselgeld

(in denen das Trinkgeld nicht im Preis enthalten ist)

POLIZEI 100

FEUERWEHR 199

KRANKENWAGEN 166

ELPA (PANNENDIENST) 26610-39504

Praktisches

GESUNDHEIT

Krankenversicherung: Bürger aus EU-Ländern erhalten mit der Europäischen Versichertenkarte eine kostenlose medizinische Behandlung. Eine zusätzliche Reiseversicherung ist empfehlenswert, für Nicht-EU-Bürger sogar notwendig.

Zahnarzt: Eine Zahnbehandlung wird ebenfalls durch die Europäische Versichertenkarte abgedeckt. Generell liegen die Kosten in Griechenland niedriger als in anderen europäischen Ländern.

Wetter: Die Sonneneinstrahlung ist im Sommer extrem stark. Im Frühling und Herbst wird es auf Korfu weniger heiß als auf den anderen griechischen Inseln. Aber Vorsicht: Auch an bewölkten Tagen sollte Sonnencreme verwendet werden!

Medikamente: Verschreibungspflichtige und rezeptfreie Medikamente sind in den Apotheken erhältlich; man erkennt sie an dem großen grünen Kreuz. Das Personal spricht in der Regel Englisch. Die Apotheken öffnen im Rotationsprinzip, die nächste offene Apotheke steht jeweils angeschlagen. Wer bestimmte Medikamente regelmäßig einnehmen muss, sollte die entsprechende Menge mitnehmen und sich für den Notfall auch den Beipackzettel mit der Zusammensetzung einstecken.

Trinkwasser: Leitungswasser kann man generell auf ganz Korfu trinken; Mineralwasser ist fast überall erhältlich.

ERMÄSSIGUNGEN

Studenten/Jugendliche: Inhaber des Internationalen Studentenausweises erhalten in vielen öffentlichen Museen ermäßigten Eintritt, das gilt aber nicht zwingend für Privatsammlungen. Auf manche Buchung von Flügen, Fähren etc. werden ebenfalls Ermäßigungen gewährt.

Senioren: Mit einem Altersnachweis erhalten Senioren in den meisten öffentlichen Museen eine Ermäßigung; die Regelung gilt oft nur für EU-Bürger.

EINRICHTUNGEN FÜR BEHINDERTE

Korfu ist für Reisende mit einer Behinderung nicht das ideale Reiseziel. Vor der Buchung eines Quartiers oder eines Ausflugs sollte man sich deshalb immer erkundigen. Generell sind die Griechen aber sehr hilfsbereit.

KINDER

Die Griechen sind sehr kinderfreundlich und freuen sich immer über kleine Gäste. Oft bekommen Kinder auch bei Sehenswürdigkeiten und in öffentlichen Verkehrsmitteln eine Ermäßigung.

TOILETTEN

Auf Korfu gibt es nur wenige öffentliche Toiletten, aber die Wirte von vielen Lokalen haben nichts dagegen, wenn man dort das WC benutzt. Papier sollte man sich immer selbst einstecken. Wichtig: Das gebrauchte Toilettenpapier wird immer in die bereitstehenden Eimer geworfen!

ZOLL

Der Import von Andenken, die aus seltenen oder gefährdeten Arten hergestellt sind, ist illegal, für die Einfuhr ist eine Sondergenehmigung notwendig. Vor dem Kauf immer die Zollbestimmungen erfragen.

BOTSCHAFTEN UND KONSULATE

Deutschland
☎ 210/728 51 11

Österreich
☎ 210/725 72 70

Schweiz
☎ 210/723 03 64

Sprachführer

DAS GRIECHISCHE ALPHABET

Alpha A α
Vita B β
Gamma Γ γ
Delta Δ δ
Epsilon E ε
Zita Z ζ
Eta H η
Thita Θ θ
Iota I ι
Kappa K κ
Lambda Λ λ
Mi M μ
Ni N ν
Xi Ξ ξ
Omicron O o
Pi Π π
Rho P ρ
Sigma Σ σ
Taf T τ
Upsilon Y υ
Phi Φ φ
Chi X χ
Psi Ψ ψ
Omega Ω ω

REISE

Flughafen **Aerodhrómio**
Hafen **Limáni**
Busbahnhof **Strathmós leoforíon**
Bushaltestelle **Stási**
Bus **Leoforío**
Auto **Aftokínito**
Taxi **Taxí**

WOCHENTAGE

Montag **Deftéra**
Dienstag **Tríti**
Mittwoch **Tetárti**
Donnerstag **Pémpti**
Freitag **Paraskeví**
Samstag **Sávato**
Sonntag **Kyriakí**

IMMER ZU GEBRAUCHEN

Ja (förmlich) **Ne (málista)**
Nein **Óchi**
Hallo (förmlich) **Jásas (hérete)**
Auf Wiedersehen (förmlich) **Jásas (adío)**
Wie geht es Ihnen/dir? **Tí kanís (tí káneteh)**
Bitte **Parakaló**
(Vielen) Dank **Efharistó (párapolí)**
Verzeihung **Signómi**
Tut mir leid **Signómi**
Keine Ursache **Parakaló**
Haben Sie.../hast Du? **Boríte na moú dósete...?**
Wie viel? **Póso íneh?**
Ich hätte gern **Tha íthela**

WEITERE NÜTZLICHE WÖRTER UND REDEWENDUNGEN

Guten Morgen **Kaliméra**
Guten Tag **Kalispéra**
Gute Nacht **Kaliníchta**
In Ordnung **Endáksi**
Sehr gut/bestens **Polí kalá**
Mir geht es gut **Kalá iméh**
Ich glaube ja **Nomízo**
Guten Appetit! **Kalí órexi**
Prost! **(Stín) iyiá más**
Was kann ich für Sie tun? **Oríste?**
Wie heißen Sie/wie heißt Du? **Pos sas léne**
Achtung! **Proséxtek**
Immer mit der Ruhe **Sigá sigá**
Wer **Pyós**
Was **Tí**
Wann **Póte**
Warum **Jatí**
Wie **Pos**
Wie viel? **Póso**
Wie viele? **Pósa**
Ein bisschen **Lígo**
Offen **Anikhtó**
Geschlossen **Klistó**

NACH DEM WEG FRAGEN

Wo ist...? **Poú íne...?**
 - der Strand **i paralía**
 - die Bank **i trápeza**
 - die Bushaltestelle? **i stási**
 - die Kirche **i eklissía**
 - das Postamt **to tachidromío**
 - das Krankenhaus **to nosokomío**
 - das Hotel **to xenodohío**
 - das Meer **i thálassa**
 - das Telefon **to tiléfono**
Links **Aristerá**
Rechts **Deksiá**
Geradeaus **Ísia**
Wie weit ist es? **Póso makriá íneh?**
Nah **Kondá**
Weit **Makriá**

ZAHLEN

0	midhén	12	dhódheka	30	triánda	120	ekatón íkosi
1	éna	13	dhekatría	31	triánda éna		
2	dhío	14	dhekatéssera	32	triánda dhío	200	dhiakósia
3	tría	15	dhekapénde			300	triakósia
4	téssera	16	dhekaéxi	40	saránda	400	tetrakósia
5	pénde	17	dhekaeftá	50	penínda	500	pendakósia
6	éxi	18	dhekaochtó	60	exínda	600	exakósia
7	eftá	19	dhekaenyá	70	evdhomínda	700	eftakósia
8	ochtó	20	íkosi	80	oghdhónda	800	ochtakósia
9	enyá			90	enenínda	900	enyakósia
10	dhéka	21	íkosi éna	100	ekató		
11	éndheka	22	íkosi dhío	110	ekató dhéka	1000	hílya

Sprachführer

IM NOTFALL

Hilfe! **Voíthya!**
Könnten Sie mir bitte helfen? **Boríte na me voithísete, parakaló?**
Sprechen Sie Deutsch/Englisch? **Miláte yermaniká/angliká?**
Ich verstehe nicht **Dhen katalavéno**
Könnten Sie bitte schnell einen Arzt holen? **Boríte na kaléste, paralkaló?**
Könnte ich Ihr Telefon benutzen? **Boró na chrisimopiíso to tiléfono sas?**
Polizei **Astinomía**
Krankenwagen **Asthenofóro**

ZEIT

Wie viel Uhr ist es? **Tí óra íne?**
Heute **Símera**
Morgen **Ávrio**
Gestern **Chthés**
Morgens **To proí**
Nachmittags **To apóyevma**
Abends **To vrádhi**
Nachts **i níchta**

AUTOFAHREN

Benzin **Venzíni**
- bleifrei **amólivdhi**
voll **yemízo**
Tankstelle **Venzinádhiko**
Diesel **Dízel**
Öl **Ládhi**
Reifen **Lásticho**
Werkstatt **Garáz**

IM RESTAURANT (ESTIATÓRIO)

Ich möchte einen Tisch reservieren **Boró na klíso éna trapézi**
Ein Tisch für zwei Personen **Éna trapézi yía dhío átoma**
Können wir draußen essen? **Boróme na fáme kyéxo?**
Könnten wir die Speisekarte/Weinkarte sehen? **Boroúme na dhoúme ton katálogho/ton katálogho krasión?**
Die Rechnung, bitte **Toú loghariazmó, parakaló?**

SPEISEKARTE

bíra Bier
chortofághos vegetarisch
vradhinó Abendessen
gála Milch
hórta Gemüse
kafés Kaffee
 - **nescafé** Nescafé
karáfa Karaffe
krasí Wein
 - **áspro** weiß
 - **kókkino** rot
 - **kokkinélli** rosé
kréas Fleisch
khimós Fruchtsaft
neró Wasser
orektikó Vorspeise
proinó Frühstück
psitó gegrillt
tighanató gebraten
tsai Tee
voútiro Butter
vrazméno gekocht

SPEISEKARTE VON A–Z

afélia Schweinegulasch in Rotwein-Korianer-Soße
aláti Salz
anginári Artischocke
angoúri Gurke
antsoúya Sardelle
avgó Ei
avgolémno Eier-Zitronen-Suppe
bakláva Gebäck mit Nüssen und Honig
banána Banane
dolmádes Hackfleisch und Reis in Weinblättern
domátes Tomaten
eliés Oliven
eleóladho Olivenöl
fakés Linsen
fasólia Bohnen
féta Ziegenkäse
ghlyká Obst in süßem Sirup
haloúmi Schafskäse
hirómeri gekochter Schinken
húmmos Kichererbsenmus
kalambhóki Mais
karóto Karotte
keftédhes Fleischbällchen
kerásya Kirschen
kétsap Ketchup
kléftiko Lammbraten aus dem Ofen
kolokitháki Zucchini
koniák Brandy
kounoupídhi Blumenkohl
katópoulo Huhn
kounélli Kaninchen
krém karamél Crème Caramel
kremídhi Zwiebel
láchano Kohl
ládhi Salatöl
lemóni Zitrone
loukániko Würstchen
loúntza geräucherte Schweinelende
makarónya Spagetti
mandaríni Mandarine
manitária Champignons
maroúli grüner Salat
melitzána Aubergine
mídhya Muscheln
milópita Apfelkuchen
moussakás Auflauf mit Hackfleisch, Auberginen, Kartoffeln in Bechamelsoße
paidháki Lammkotelett
pagotó Speiseeis
patátes Kartoffeln
pepóni Melone
pikándiko scharf
pipéri Pfeffer
piperyá Paprikaschote
pítta flaches Brot
portokáli Orange
pourgoúri Weizenschrot
psári Fisch
psiméno geschmort
psomí Brot
saláta Salat
sáltza Soße
sardhéles Sardinen
seftaliá Lammwürstchen
skórdho Knoblauch
soujoúkos Mandeln in Traubensaft
soúpa Suppe
souvláki Fleischspieß
spanáki Spinat
stafília Trauben
stifádho Rindfleisch in Zwiebel-Tomaten-Soße
tahíni Sesammus
taramosaláta Fischrogenmus
vodhinó kréas Rindfleisch
yaoúrti Jogurt
zambón Schinken

Kapiteleinteilung: siehe Übersichtskarte auf den Umschlaginnenseiten

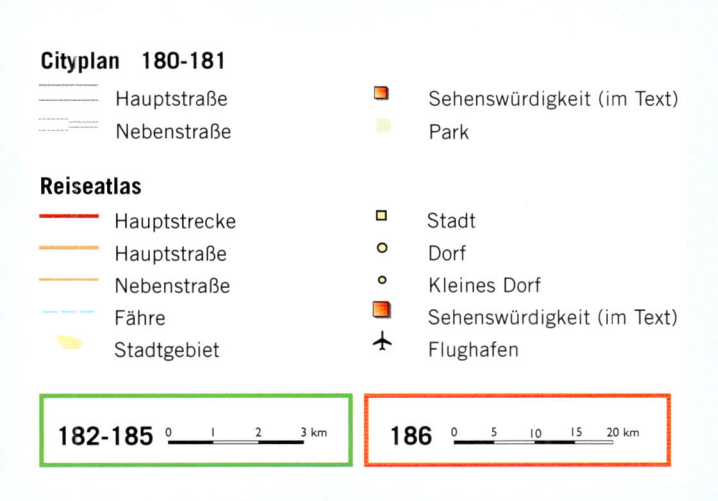

Cityplan   180-181

- ――― Hauptstraße
- ――― Nebenstraße

Reiseatlas

- ――― Hauptstrecke
- ――― Hauptstraße
- ――― Nebenstraße
- ――― Fähre
- Stadtgebiet

- ◼ Sehenswürdigkeit (im Text)
- Park

- ◻ Stadt
- ○ Dorf
- ∘ Kleines Dorf
- ◼ Sehenswürdigkeit (im Text)
- ✈ Flughafen

182-185   0   1   2   3 km

186   0   5   10   15   20 km

Reiseatlas

Kerkyra

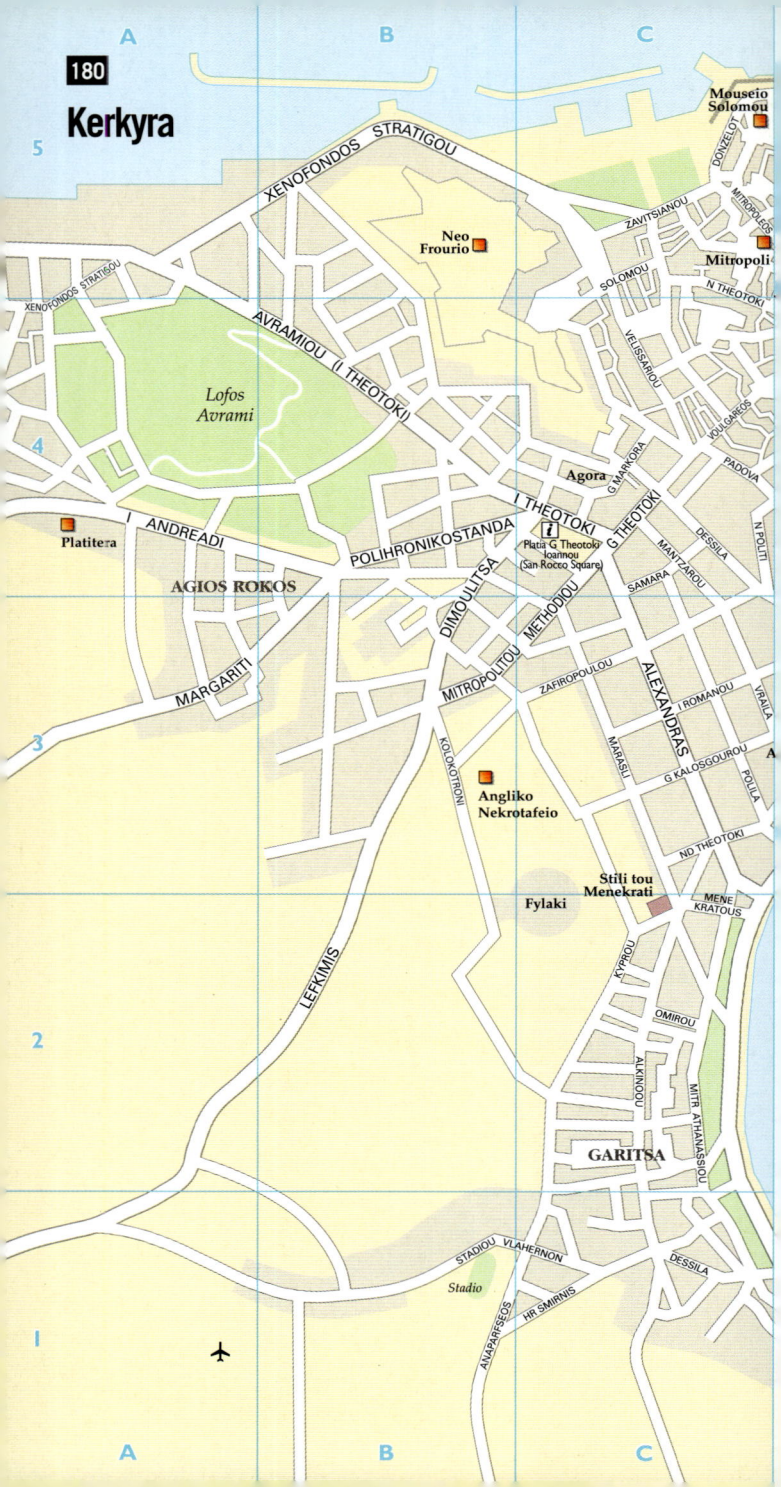

180

181

Map labels

- ARSENIOU
- Mouseio Vyzantino
- Campiello
- Kerkuraiki Anagnostiki Etairia
- Palati tou Agiou Michail & tou Georgiou
- FILELINON
- ARLIOTI
- KAPODISTRIOU
- FILARMONIKIS
- Agios Spyridon
- N. THEOTOKI
- M. THEOTOKI
- SEVASTIANOU
- Liston
- VOULGAREOS
- DOUSMANI
- Platia Demarchiou
- Spianada
- Mandraki
- GUILFORD
- Maitland Rotunda
- N. ZAMBELI
- Palaio Frourio
- G. ASPIOTI
- AKADIMAS
- DIMOKRATIAS
- Mouseio Archaiologiko
- Ormos Garitsas
- DIMOKRATIAS
- A. DARI
- ANEMOMILOS
- IAS. SOSSIPATROU
- Agios Iasonas kai Sosipatros
- Mon Repos, Kanoni, Palaiopolis
- Plage Mon Repos

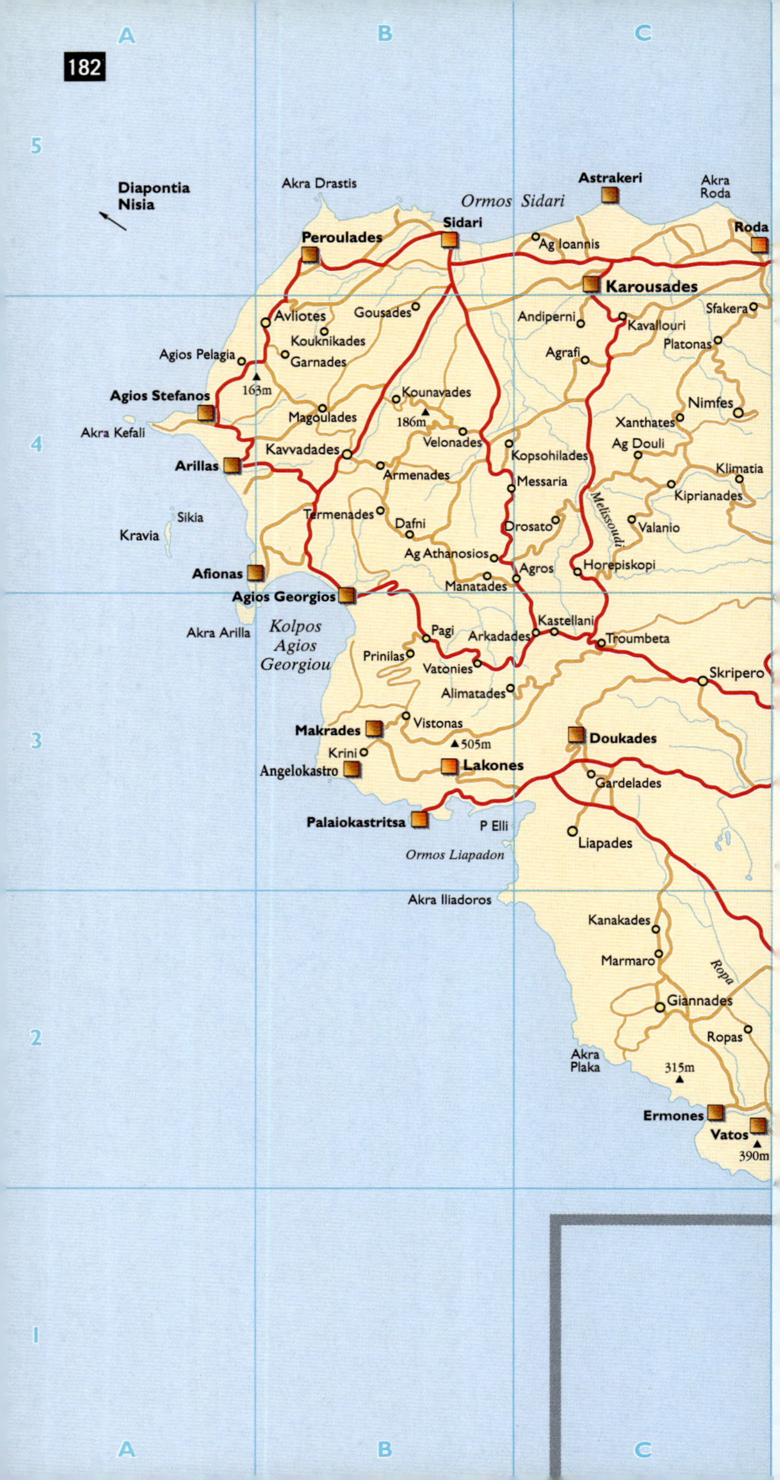
A
B
C
5
4
3
2
1
Diapontia Nisia
Akra Drastis
Ormos Sidari
Astrakeri
Akra Roda
Roda
Sidari
Peroulades
Ag Ioannis
Karousades
Avliotes
Gousades
Andiperni
Sfakera
Kavallouri
Kouknikades
Platonas
Agios Pelagia
Garnades
Agrafi
163m
Agios Stefanos
Kounavades
Nimfes
Magoulades
186m
Xanthates
Akra Kefali
Velonades
Ag Douli
Kavvadades
Kopsohilades
Arillas
Klimatia
Armenades
Messaria
Kiprianades
Melissoudi
Termenades
Sikia
Dafni
Drosato
Valanio
Kravia
Ag Athanosios
Agros
Horepiskopi
Afionas
Manatades
Agios Georgios
Kastellani
Akra Arilla
Kolpos Agios Georgiou
Pagi
Arkadades
Troumbeta
Prinilas
Vatonies
Skripero
Alimatades
Vistonas
Makrades
Doukades
505m
Krini
Angelokastro
Lakones
Gardelades
Palaiokastritsa
P Elli
Liapades
Ormos Liapadon
Akra Iliadoros
Kanakades
Marmaro
Ropa
Giannades
Ropas
Akra Plaka
315m
Ermones
Vatos
390m
A
B
C

183
D
E
F
Akra Ekaterini
P Almiros
Andinioti Limni
Akra Agios Spiridonas
Ancona, Bari, Brindisi, Venezia, Trieste
Ormos Ag Georgiou
Ormos Aspraou
Pithos
Vasilika
N Perithia
Portes
P Aharavis
Akra Kassiopis
Kassiopi
Ormos Bolana
Akra Varvaras
Aharavi
Ag Martinos
Vouni
Loutses
Perigori
Anapaftiria
Lafki
Kellia
Vlahleri
Kato Vodolakos
Ag Pandeleimonas
Avlaki
Lazaratika
Trimondi
Ag Georgios
Serpa
Bralatika
Leondari
Agios Stefanos
Eriva
Tsitsatika
Ano Perithia
Episkepsi
Sanda
Kokkini
Sinies
Vor Steno Kerkiras
Petalia
P Kerasia
906m
Vigla
Pandokratoras
Paleo Horio
Plagia
Strinilas
Rou
Gimari
Kouloura
Kendroma
Katavolos
852m
Vinglatouri
Kalami
Apolisies
Sgourades
Agni
Nisaki
Zigos
Spartilas
502m
Sokraki
Barbati
Ag Markos
Ano Korakiana
Analipsi
Pirgi
Ormos Ipsou
Kato Korakiana
Ipsos
Akra Kefaloipsos
Ag Vasilios
Ormos Krevatsoula
Gazatika
Dasia
Ormos Dafnila
Akra Kommeno
Gavrolimni
Tzavros
Poulades
Gouvia
Danilia
Ormos Gouvion
Gouvino
Kondokali
Kira Hrisikou
Vidos
Temploni
Ormos Potamou
Ropa
Kouramaditika
Akra Sidero
Evropouli
Potamos
Afra
Kerkyra
Ag Ioannis
Alepou
Ormos Garitsas
Potamo
Ag Triada
Garitsa
Kokkinogia
Limni Halkiopoulou
Plakoto
Kombitsi
Ag Eleousa
Mirtiotissa
Kastania
Glyfada
Pelekas
184
Varipatades
Hrisiida
Kanoni
185
Viros
Kalafationes
Perama
Agios Prokopios
Ormos Cialiskari
Kouramades
Kinopiastes
Kastellani
Sinarades
Ahillio
Kamara
287m
Ag Deka
Milia
Achilleio
Akra Plitiri
Alepohori
576m
Agii Deka
Agios Gordis
Ano Garouna
Benitses
Kato Garouna
Tholeto
Loukata
1
2
3
4
5

184
182
183
A
B
C
5
4
3
2
1
Marmaro
Ropa
Giannades
Temploni
Kondokali
Kira Hrisikou
Vidos
Ormos Potamou
Akra Sidero
Kouramaditika
Ropas
Akra Plaka
315m
Evropouli
Afra
Potamos
Kerkyra
Ag Ioannis
Alepou
Ormos Garitsas
Potamo
Garitsa
Ermones
Vatos
390m
Ag Triada
Kokkinogia
Limni Halkiopoulou
Plakoto
Kombitsi
Ag Eleousa
Mirtiotissa
Kastania
Glyfada
Pelekas
Varipatades
Hrisiida
Kanoni
Viros
Perama
Kalafationes
Agios Prokopios
Ormos Gialiskari
Kouramades
Kastellani
Kinopiastes
Sinarades
Ahillio
287m
Kamara
Ag Deka
Milia
Achilleio
Akra Plitiri
Alepohori
576m
Agii Deka
Agios Gordis
Ano Garouna
Benitses
Kato Garouna
Tholeto
Loukata
Pendati
462m
Dafnata
Akra Faskia
Kato Pavliana
Komianata
Ano Pavliana
Kornata
Vouniatades
425m
Strongili
Ag Ioannis
Paramonas
Akra Varka
Agios Mattheos
Episkopiana
Pendanisia
468m
Moraitika
Messongi
Prasouda
Mesongi
Par Prasoudi
Kastro Gardiki
Ano Mesongi
Par Kanouli
Vranganiotika
Hlomatiana
Akra Gardiki
Par Halikaounas
Limni Korission
Akra Konsia
Lagoudia

185

D 5 · E 5 · F 5

D 4 · E 4 · F 4
Igoumenitsa

D 3 · E 3 · F 3
Igoumenitsa
Patra, Paxi

D 2 · E 2 · F 2
- Kato Spileo
- 380m
- Ag Dimitrios
- **Boukari**
- Hlomos
- Korakades
- Kcuspades
- Vasilatika
- **Petriti**
- *Kolpos Lefkimmis*
- Linia
- Neohoraki
- Ag Nikolaos
- *Par Notos*
- Akra Lefkimmi
- **Arg rades**
- Roumanades
- Marathias
- Molos
- Alikes
- **Agios Georgios**
- **Perivoli**
- Ano Lefkimmi
- **Lefkimmi**
- Potami
- Melikia
- Vitalades
- *Himaros*

D 1 · E 1 · F 1
- **Agia Varvara**
- 127m
- Kritika
- Bastatika
- Neohori
- Paleohori
- Dragotina
- **Kavos**
- Spartera
- 180m
- 134m
- **Akra Asprokavos**

186

Register

Acharavi (Aharavi) 94, 96, 167
Achilleio 130f
Achilleion-Palast 130ff
Adam, Sir Frederick 50, 62, 112
Afionas 114f
Agia Varvara 140
Agii Deka 137
Agni 93f, 163f
Albanien 151f
   Agii Saranda 151
   Sri i Kalter (Blaues Auge) 152
   Butrint 151f
   Burg Lekuresi 151
   Gjirokastra 152
Alkohol
   Alkoholkontrollen 37
   Weine und Spirituosen 18f, 39, 147
Alte Festung 58f
Andinioti-Lagune 94
Angelokastro 111
Angliko Nekrotafeio (Britischer Friedhof) 69
Antipaxos (Antipaxoi) 156
Apotheken 174, 176
Archäologisches Museum 60f
Arillas 114
Aspri Ammos 110
Astrakeri 96
Ausflüge 149ff
   Albanien 151f
   Antipaxos (Antipaxoi) 156
   Parga 153
   Paxos (Paxoi) 154f
Ausgehen 41f, 76, 102, 124, 148
Autofahren 36f, 172
   Autopanne 37
   Benzin 36
   Mietwagen 37
   Privatwagen 37
   Verkehrsregeln 36f
Autopanne 37
Ayii Iasonas kai Sosipatros 69f

Agios Arseniou 163
Agios Georgios (Nordwesten) 31, 115
Agios Georgios (Süden) 140
Agios Gordis 136f
Agios Markinos 167
Agios Mattheos 138
Agios Spyridon 6, 12f, 56f
Agios Stefanos (Nordwesten) 94, 114
Agios Stefanos (Norden) 94

Banken 173, 174
Barbati 93
Bars 41, 76, 124
Bathos, Thomas 56
Behinderte, Einrichtungen für 176
Benitses 132f
Boukari 140
Bragini-Strand 109
Britischer Friedhof 69

Busse
   Inselbusse 35
   Mit dem Bus 173
Byzantinische Festung, Kassiopi 87
Byzantinisches Museum 31, 48f

Calypso-Höhle 109
Campiello: Die Altstadt von Korfu-Stadt 54f, 158ff
Clubs und Diskotheken 41, 76, 102, 124
Corfu Reading Society 66
Corfu Trail 17ff
Cricket 41

Damaskinos, Michael 22, 49, 52
Dasia 90f
Delphine 26f
Diapondia-Inseln 89, 108ff
Doukades 116, 170
Doxaras, Panayiotis 22, 56
Durrell, Gerald 12f, 24
Durrell, Lawrence 6, 9, 12f

Einkaufen 40, 75, 101, 123, 147
Eintrittsgebühren 35
Elektrizität 175
Elisabeth, Kaiserin von Österreich 130f
Erikoussa 109
Ermäßigungen 176
Ermones 116
Essen und Trinken 32, 99f
   Essenszeiten 39
   Ingwerbier und Kumquats 18f
   Kerkyra (Korfu-Stadt) 73f
   Kumquatfrucht 18
   Lokale 39
   Norden, Der 99f
   Nordwesten und das Landesinnere, Der 121f
   Olivenöl 6ff, 40
   Trinkgeld 39
   Trinkwasser 176
   Speisekarte 39, 178
   Süden, Der 145f
   Weine und Spirituosen 20, 39, 147

Faneromenis (Kirche) 160
Fähren 34, 36, 173
   siehe auch Schiffsausflüge
Feiertage 174
Festivals und Veranstaltungen 16f, 41, 86
Festung Gardiki 14, 139f
Flora 69, 82, 134
Flughafen 34, 173
Folklore-Museum in Zentralkorfu 31, 136
Frauen, Alleinreisende 175

Gärten
   Achilleion-Palast 131
   Mon Repos 63

Palati tou Agiou Michail & tou Georgiou (Gouverneurspalast) 50
Kloster Theotokos 113
Geldautomaten 173
Geschenke und Souvenirs 40
Geschichte: Korfus illustre Invasoren 10f
Geschwindigkeitsbegrenzung 37
Gesundheit 172, 176
   Krankenversicherung 176
   Medikamente 176
   Trinkwasser 176
   Verschreibungspflichtige Medikamente 176
   Wetter (Sonnenschutz) 176
   Zahnarzt 176
Giannades 168
Glaskunst 123
Glyfada (Glifada) 118
Gold, Silber und Schmuck 40, 75
Golf 42, 124
Gorgo-Medusa-Giebel 60, 61
Gouvia 90

Hafen Korfu 34
Halikiopoulos-Lagune 64
Herter, Ernst 130
Highlights auf einen Blick 30ff
Holzschnitzerei 40, 101
Homosexuelle und lesbische Gäste 42
Hotels
   Hotelreservierung 38
   Kategorien 38
   Preise 38
Hoxha, Enver 151, 152

Ikonen 40, 49, 52, 54, 57, 67, 75
Ingwerbier 18f
Internetcafés 76
Ionisches Musikfestival 76

Juden 160

Kaiserthron 118
Kalami 85
Kaminaki (Strand) 162
Kanal der Liebe 88f
Kanoni 64f
Kap Asprokavos 142
Kap Drastis 114
Kapelle St. Simeon 116
Kapodistrias, Ioannis 69
Karettschildkröten 27, 108
Karousades 96
Kassiopi 86f
Kato Korakiana 91
Kavos 142
Keramik 40, 147
Kerkyraiki Anagnostiki Etairia (Lesegesellschaft) 66
Kerkyra (Korfu-Stadt) 43ff, 168
   Alte Festung 58f
   Angliko Nekrotafeio (Britischer

Register

Friedhof	69
Archäologisches Museum	60
Ayii Iasonas kai Sosipatros	69f
Agios Spyridon	56f
Byzantinisches Museum	31, 48f
Campiello: Die Altstadt von Korfu-Stadt	54f, 158ff
Esplanade	68
Faneromenis (Kirche)	160
Gouverneurspalast	50
In zwei Tagen	46f
Kanoni	64f
Karen	159
Kerkuraiki Anagnostiki (Lesegesellschaft)	66
Kloster der hl. Jungfrau Maria	69
Lesegesellschaft	66
Listen	67f
Mitropolis	66f
Mon Repos	62f
Mouseio Archaiologiko (Archäologisches Museum)	60f
Museio Hartovomismaton (Papiergeld-Museum)	160
Mouseio Solomou (Solomos-Museum)	66
Mouseio Vizantino (Byzantinisches Museum)	31, 48f
Museum für Asiatische Kunst	51f
Museum für Moderne Kunst	53
Neo Frourio (Neue Festung)	67
Neue Festung	67
Palaio Frourio (Alte Festung)	58f
Palaiopolis (Paleopolis)	62f, 70
Palaiopolis-Museum	62f
Palati tou Agiou Michail & tou Georgiou (Gouverneurspalast)	50ff
Platia Dimarcheio (Rathausplatz)	68
Platitera	69
Rathaus	68f
Rathausplatz	68
Solomos-Museum	66
Spaziergang	158ff
Spianada (Esplanade)	68
Städtische Kunstgalerie	22f, 52
Wohin zum Ausgehen?	76
Wohin zum Einkaufen?	75
Wohin zum Essen und Trinken?	73f
Wohin zum Übernachten?	71f
Kleiderordnung	39, 57
Kinder	176
Kinos	41
Kirchen, Öffnungszeiten	174
Kirchen	
Agia Kerkyra	70
Agios Spyridon	94
Evangelistenkirche	160
Ipapandi	90
Kathedrale St. Johannes der Täufer	160
Kirche der hl. Jungfrau	
Mesochoritissa	116
Panagia Antivouniotissa	48
Panagia Kassiopitra	86
Panagia Kremasti	54
St. Arseniou	142
St. Georg	59
St. Nikolaos	88
Klima	172
Klöster	
Kloster der Jungfrau Maria	69
Kloster Theotokos	112f
Pantokrator (Pandokratoras)	83f
Myrtiotissa (Mirtiotissa)	117
Kolovri	65
Kommeno	90
Kondarinis, Konstandinos	57
Konfektionsgrößen	174
Konsulate	176
Kontokali (Kandokali)	90
Korfu-Stadt siehe Kerkyra	
Kouloura	94
Kumquatfrucht	18f
Kunst und Kultur	76
Kravia	65
Kreditkarten	173
Kriminalität	175
Kunsthandwerk	40, 41, 101, 115, 123, 147
Lackarbeiten	52
Lafki	167
Lakones	115f
Lear, Edward	23
Lederartikel	40
Lefkimmi	35, 140, 142
Liapades	170
Limni Korission	134f
Liston	67f
Löwe von Menekrates	60
Maitland, Sir Thomas	50, 68
Maitland-Rotunde	68
Mäuseinsel siehe Pontikonissi	
Makrades	115
Manos, Gregorios	51, 52
Mathraki	27, 108f
Medikamente	176
Medikamente, verschreibungspflichtige	176
Medusa und die Gorgonen	60, 61
Megali-Strand	88
Mesongi	139
Mietwagen	37
Miller, Henry	12
Mitropolis (Orthodoxe Kathedrale)	66f
Möbelwerkstätten	123, 147
Mönchsrobben	27
Mon Repos	62f
Moraitika	138f
Mouseio Archaiologiko	60f
Mouseio Hartovomismaton (Papiergeld-Museum)	160
Mouseio Solomou (Solomos-Museum)	66
Mouseio Vizantino (Byzantinisches Museum)	31, 48f
Muschel-Museum	132f
Museen und Galerien	
Achilleion-Palast	131
Byzantinisches Museum	31, 48f
Folklore-Museum in Zentralkorfu	31, 136
Mouseio Archaiologiko (Archäologisches Museum)	60f
Museio Hartonomismatou (Papiergeld-Museum)	159
Mouseio Solomou (Solomos-Museum)	66
Mouseio Vyzantino (Byzantinisches Museum)	31, 48f
Muschel-Museum	132f
Museum für Asiatische Kunst	30f, 51f
Museum für Moderne Kunst	53
Nationalgalerie, Zweigstelle der	91
Museen, Öffnungszeiten	174
Museum für Asiatische Kunst	31, 51f
Museum für Moderne Kunst	53
Palaiopolis-Museum	23, 62f
Städtische Kunstgalerie	22f, 52
Musik, traditionelle	28f, 76
Myrtiotissa (Mirtiotissa)	32, 118
Nachtleben siehe Clubs und Diskotheken	
Nationalgalerie, Zweigstelle der	91
Nationalhymne, griechische	28, 66
Neo Frourio (Neue Festung)	67
Nero, Kaiser	10
Neue Festung	67
Nisaki	93, 163
Norden, Der	77ff
Acharavi (Aharavi)	94, 96, 167
Agios Stefanos	94
Agni	93f, 163f
Andinioti-Lagune	94
Astrakeri	96
Barbati	93
Dasia	90f
Gouvia	90
In drei Tagen	80f
Kalami	85
Karousades	96
Karte	78f
Kassiopi	86f
Kontokali (Kandokali)	90
Kouloura	94
Nisaki	93, 163
Pantokrator (Pandokratoras)	82ff
Peritheia (Perithia)	96
Pyrgi (Pirgi)	93
Roda	96
Sidari	10, 88f
Wohin zum Ausgehen?	102
Wohin zum Einkaufen?	101
Wohin zum Essen und

Register

Trinken? 99f
Wohin zum Übernachten? 97f
Ypsos (Ipsos) 91, 93
Nordwesten und das Landesinnere,
  Der 103ff
  Afionas 114f
  Angelokastro 111
  Arillas 114
  Agios Georgios 115
  Agios Stefanos 32, 114
  Diapondia-Inseln (Diapontia
    Nisia) 89, 108ff
  Doukades 116, 170
  Ermones 116
  Glyfada (Glifada) 118
  In drei Tagen 106f
  Karte 104f
  Lakones 115f
  Makrades 115
  Myrtiotissa (Mirtiotissa) 32, 118
  Palaiokastritsa (Paleokastritsa)
    112f, 170
  Pelekas 118
  Peroulades 114
  Ropa-Ebene 116, 168ff
  Vatos 117
  Wohin zum Ausgehen? 124
  Wohin zum Einkaufen? 123
  Wohin zum Essen und Trinken?
    121f
  Wohin zum Übernachten? 119f
Notfallnummern 175

Odyssee 7, 29, 65, 109
Öffnungszeiten 174
Olivenbäume 6ff
Olivenholzschnitzerei 40, 101
Olivenöl 7ff, 40
Ostern 31, 41
Othoni 109f

**Palati tou Agiou Michail & tou
  Geogiou** Gouverneurspalast)
    50ff
Palaio Frourio (Alte Festung) 58f
Palaikastritsa (Paleokastritsa) 112f,
    170
Palaiopolis (Paleopolis) 62f, 70
Panorama, das schönste 31
Pantokrator (Pandokratoras) 82ff,
    165f
  Mountainbiken 42, 102
Paramonas 137f
Parga 153
Pass/Personalausweis 172
Paxos (Paxoi) 154f
  Blaue Grotten 155
  Gaios 155
  Lakka 155
  Loggos (Longos) 155
Pelekas 118
Perama 136
Peristylo Maitland 68
Peritheia (Perthia) 96
Peroulades 114

Petalia 82, 165, 166
Petriti 140
Philip, Prinz (Duke of Edinburgh) 62
Platia Dimarcheio (Rathausplatz)
    68f
Platitera 69
Polizei 175
Pontikonissi 65
Postämter 174, 175
Privatzimmer 38
Prosaléntis, Pávlos 23
Pyrgi (Pirgi) 93

Radfahren und Mountainbiken 42,
    102
Rathaus 68f
Regen 172
Reiher 65
Reisedokumente 172
Reisechecks 173
Reiseversicherung 172
Reisezeit 172
Reiten 42, 102, 124
Religiöse Feste 14ff, 41, 86,
    110
Restaurants 39
Roda 96
Römische Bäder 132
Ropa-Ebene 116, 168ff

Samartzis, Georgios 52
Schiffsausflüge 65, 89, 102
  siehe auch Ausflüge; Fähren
Schlangen 26
Senioren 176
Sicherheit 175
Sidari 10, 88f
Sinarades 136
Solomos, Dionysios 13f, 66
Sonnenschutz 176
Sonnenuntergänge 30
Speisekarte 178
Spartylas 165
Spaziergänge und Touren 157ff
  Altstadt von Korfu-Stadt, Die
    158ff
  Arillas Heritage Walk 114
  Corfu Trail 17ff
  In der Heimat von Lawrence
    Durrell 162ff
  Pantokrator (Pandokratoras)
    165ff
  Über die Insel nach
    Palaiokastritsa 168ff
Spianada (Esplanade) 68
Spitzen 101
Städtische Kunstgalerie 22f, 52
Stavros 132
Strände 32
Strinylas 165

Studenten/Jugendliche 176
Süden, Der 125f
  Achilleio 130f
  Agia Varvara 140
  Agii Deka 137
  Agios Georgios 140
  Agios Gordis 136f
  Agios Mattheos 138
  Benitses 132f
  Boukari 140
  Festung Gardiki 10, 139f
  In drei Tagen 128f
  Kap Asprokavos 142
  Karte 126f
  Kavos 142
  Lefkimmi 35, 140, 142
  Limni Korission 134f
  Mesongi 139
  Moraitika 138f
  Paramonas 138
  Perama 136
  Petriti 140
  Wohin zum Einkaufen? 147
  Wohin zum Essen und Trinken?
    145f
  Wohin zum Ausgehen?
    148
  Wohin zum Übernachten?
    143f

Tauchen 42, 102, 124
Tavernen 39
Taxi 34, 36
Telefonieren 175
Temploni 168
Tennant, Emma 12f
Tennis 42
Theater 42
Theodora Augusta 15
Theotókis, Georgios 169
Theotokos, Kloster 112f
Tiberius, Kaiser 10
Tierwelt, Korfus 24ff, 65, 82f, 94,
    134f
Toiletten 38, 176
Touristeninformation 35, 172f
Trinkgeld 39, 175
Trinkwasser 176
Trimodi 167
Tzanés, Emmanuel 48
Übernachten 32, 38, 97ff
  Hotelreservierung 38
  Kerkyra (Korfu-Stadt) 71f
  Norden, Der 97f
  Nordwesten und das
    Landesinnere, Der 119f
  Privatzimmer 38
  Süden, Der 143f
Unterwegs 35f
  Linienbusse 35
  Schiffe und Fähren 34, 36
  Taxis 34, 36

Vatos 117
Venezianische Mauer 54, 55

Register/Abbildungsnachweis

Verkaufssteuer	41	**Währung**	173	Whitmore, Sir George	50, 62
Versicherung		Wasserpark	89, 124	Windsurfen	102, 124
Krankenversicherung	176	Wassersport	42, 102, 124		
Mietwagen	37	Websites	172	**Ypsos** (Ipsos)	91, 93
Reiseversicherung	72	Webwaren	40		
Vlacherna	64f	Wechselstuben	173	**Zahnarzt**	176
Vögel	25f, 65, 82f, 94, 134	Wein und Spirituosen	18f, 39, 147	Zeitunterschied	173, 174
		White House	12, 85, 100, 162, 164	Zoll	176

Abbildungsnachweis

Die Automobile Association dankt den nachfolgend genannten Fotografen und Bildagenturen für ihre Unterstützung bei der Herstellung dieses Buches.
Abkürzungen: (o) oben; (u) unten; (m) Mitte; (l) links; (r) rechts; (AA) AA World Travel Library.

Umschlag: AA/JA Tims

2(i), 2(ii), 2(iii), 2(iv) AA/C Sawyer; **3(i)** AA/S Outram; **3(ii)** AA/C Sawyer; *3(iii)* AA/J A Tims; **3(iv), 5l, 5ul, 5ur** AA/C Sawyer; **6** AA/A Mockford & N Bonetti; **7l** AA/C Sawyer; **7r** AA/A Mockford & N Bonetti; **8/9, 10o, 10u, 10/11** AA/C Sawyer; **12** AA/J A Tims; **13** ©TopFoto TopFoto.co.uk; **14/15, 16, 17, 18/19, 20, 21** AA/C Sawyer; **22/23** © Stapleton Collection/Corbis; **24/25** AA/C Sawyer; **25** © STEVE KNELL/naturepl.com; **26o** AA/R Strange; **26u** AA/T Harris; **27** ©NHPA/MARTIN HARVEY; **28** © Ian Dagnall /Alamy;
29 Photo Library Group; **30/31, 33l, 33ul, 33ur, 43l, 43ul, 43ur, 44, 45o, 45u** AA/C Sawyer; **46o** AA/S Day; **46u, 47o, 47m, 47u, 48/49, 49, 50, 51, 53, 54/55, 55, 56, 57, 58/59, 59, 60o, 60u, 61, 62/63o, 62/63u, 64/65, 65** AA/C Sawyer; **66** AA/J A Tims; **67** AA/C Sawyer; **68** AA/S Day; **69, 70, 77l, 77ul,** AA/C Sawyer; **77ur, 78** AA/J A Tims; **79o, 79u** AA/C Sawyer; **80o** AA/J A Tims; **80u** AA/S Outram; **81o, 81u, 82/83, 83, 84, 85, 86, 86/87, 87, 88, 89** AA/C Sawyer; **90** AA/S Day; **91, 92, 95,** AA/C Sawyer; **103l** AA/S Outram; **103ul, 103ur, 104, 105, 106, 107, 108/109, 110, 111, 112/113, 113** AA/C Sawyer; **115** AA/J A Tims; **116o, 116u, 117, 118, 125l, 125ul** AA/C Sawyer; **125ur** AA/J A Tims; **126, 127o, 127u** AA/C Sawyer; **128o** AA/S Outram; **128u, 129o** AA/C Sawyer; **129u, 130/131** AA/S Outram; **131** AA/M Trewlawny; **132, 132/133, 133o, 133u, 134/135** AA/C Sawyer; **135o** Photodisc; **135u, 136, 137** AA/C Sawyer; **138o** S Outram; **138u** AA/C Sawyer; **139, 141** AA/S Outram; **142** AA/C Sawyer; **149l** AA/J A Tims; **149ul, 149ur** AA/C Sawyer; **151** © Elmtree Images/Alamy; **152** © Danita Delimont /Alamy; **153** AA/T Harris; **154/155** © Geoff du Feu/Alamy; **156, 157l, 157ul** AA/C Sawyer; **157ur** AA/S Outram; **158** AA/M Trewlawny; **160, 161** AA/C Sawyer; **162** Donna Dailey; **164, 165, 166, 167, 168, 170, 171l,** AA/C Sawyer; **171ol** AA/S Outram; **171or, 175o** AA/C Sawyer; **175ul** AA; **175ur** AA/C Sawyer.

Der Verlag hat keine Mühen gescheut die Copyright-Inhaber zu ermitteln, trotzdem schleichen sich manchmal Fehler ein, für die sich der Verlag entschuldigen möchte. Hinweise und Korrekturen sind jederzeit willkommen.

NATIONAL GEOGRAPHIC
Leserbefragung

Ihre Ratschläge, Urteile und Empfehlungen sind für uns sehr wichtig. Wir bemühen uns, unsere Reiseführer ständig zu verbessern. Wenn Sie sich ein paar Minuten Zeit nehmen, diesen kleinen Fragebogen auszufüllen, könnten Sie uns sehr dabei helfen.

Wenn Sie diese Seite nicht herausreißen möchten, können Sie uns auch eine Kopie schicken, oder Sie notieren Ihre Hinweise einfach auf einem separaten Blatt.

Bitte senden Sie Ihre Antwort an:
NATIONAL GEOGRAPHIC SPIRALLO-REISEFÜHRER, MAIRDUMONT GmbH & Co. KG,
Postfach 31 51, D-73751 Ostfildern,
E-Mail: spirallo@nationalgeographic.de

Über dieses Buch ...
NATIONAL GEOGRAPHIC SPIRALLO-REISEFÜHRER KORFU

Wo haben Sie das Buch gekauft?

Wann? Monat / Jahr

Warum haben Sie sich für einen Titel dieser Reihe entschieden?

Wie fanden Sie das Buch?

Hervorragend ☐   Genau richtig ☐   Weitgehend gelungen ☐   Enttäuschend ☐

Können Sie uns Gründe angeben?

Bitte umblättern ...

Hat Ihnen etwas an diesem Führer ganz besonders gut gefallen?
_____
_____
_____
_____
_____

Was hätten wir besser machen können?
_____
_____
_____
_____
_____
_____
_____

Persönliche Angaben

Name _____

Adresse _____
_____
_____

Zu welcher Altersgruppe gehören Sie?
Unter 25 ☐   25–34 ☐   35–44 ☐   45–54 ☐   55–64 ☐   Über 65 ☐

Wie oft im Jahr fahren Sie in Urlaub?
Seltener als einmal ☐   Einmal ☐   Zweimal ☐   Dreimal oder öfter ☐

Wie sind Sie verreist?
Allein ☐   Mit Partner ☐   Mit Freunden ☐   Mit Familie ☐

Wie alt sind Ihre Kinder? _____

Über Ihre Reise …

Wann haben Sie die Reise gebucht? Monat / Jahr

Wann sind Sie verreist? Monat / Jahr

Wie lange waren Sie verreist? _____

War es eine Urlaubsreise oder ein beruflicher Aufenthalt? _____

Haben Sie noch weitere Reiseführer gekauft? ☐ Ja ☐ Nein

Wenn ja, welche? _____
_____

Herzlichen Dank dafür, dass Sie sich die Zeit genommen haben, diesen Fragebogen auszufüllen.